水戸学の窓

―原典から読み解く水戸学―

宮田正彦 著

水戸学の窓

――原典から読み解く水戸学――

はじめに

「**水戸学**」というと、尊王攘夷を唱える国粋主義の偏狭な過激思想であり、既に過去の遺物であるとお考えかもしれません。しかし、多くの場合世間一般の観念（いわゆる常識）は、時に大きな過ちを含んでいることはよく御承知でしょう。

私は、長年水戸の学者や文献と関わって来て、水戸学に対する多くの誤解・曲解、はては勝手な推測が横行していることが残念でなりません。

「水戸学」とは、本当はどのような姿をしているものなのか。ことさらに「水戸学」と喧伝される理由は何処に在るのか。

この疑問に応えるために、今から、とりあえず世間一般の先入観を捨てて、ほかならぬ水戸の先人達、すなわち「水戸学」を担った人々の生の文章を読み解きながら、「水戸学」の本当の姿を、御一緒に考えていきたいと思います。

また、現在グローバル化が進む中、改めて国家というものが問い直されつゝあります。日本人とは何か、日本国とはどのような国なのかが、改めて問われはじめています。

「水戸学」はこの日本という国をどのような国として捉えていたのか。そこから二十一世紀の現代にとって「水戸学」から学ぶべきものはあるのかどうか。改めて素直な目で「水戸学」を見直してみたいと思います。

いまさら漢文なんて古臭いと言われるかも知れません。現在の学校教育においては、漢文の学習にほとんど時間を割いていません。そのために白文（返り点送り仮名をふらない原文）をスラスラ読める人はだんだんと少なくなってきています。しかしだまされたと思って、少しでも目を向けてみてください。

何といっても、われわれの先人たちの想いを今に伝えるものは、多く漢文体で書かれているのです。

豪快にして清明な精神は、古典によって培われる。日本人としての魂を鍛え、文化を受け継ぐためには、どうしても漢文体で書かれた先人の文章を吟味しなければならず、それらを味読《みどく》することによってはじめて、我々は先人の想いを受け継ぐことが出来るのです。

それは水戸学にのみ限るものではありません。古典は、「**十口相伝コレヲ古トイフ**」というとおり、年月の篩《ふるい》にかけられた宝玉なのです。これらの宝を持ち腐れにすることは、惜しいというばかりではなく、先人の苦心経営に対する冒瀆《ぼうとく》であり、それは同時に自分自身をも軽んずることでもあります。何故ならば、我々は歴史の生命の流れの中にのみ、生かされることが可能だからです。

もとより浅学非才の身、先人の心を正しく理解しているとは限らず、あるいは誤りもあるかもしれません。しかし、古人の行履《あんり》の中に自らの行動の基準を求めている者の一人として、私どもの至重の宝玉を持ち腐れにさせることなく後世に伝えるために、持てる力を振り絞ってこの解説を作りました。もとよりこれで良いというつもりはありません。多くの方の御批正を得て、より先人の心を理解できるようになることを、そしてこの試みが僅かでも日本の心の復興に役立つことを望みます。

本書の表記は、**原文は原則正漢字で、読み下し文は常用漢字・歴史的仮名遣いで記し**（ただし読み仮名は現行の仮名遣い）、**釈文と解説は常用漢字・現代仮名遣い**（ただし引用文は可能な限り原文の表記を尊重）を用いました。これは現代の若い人たちに読んでいただきたいからですが、同時に正しい仮名遣い、本来の漢字にもふれていただきたいと思うからです。また、それぞれの初めに筆者の略伝を付けました。なお、文中に敬称を略したことをお許しください。

ただし、水戸の先賢の遺文としては、「梅里先生の碑陰文」「弘道館記」「偕楽園記」の三者が最も著名なものでありましょうが、これらは「水戸の碑文シリーズ」（東京・錦正社刊）として、詳しい解説がそれぞれ単行されており、また「弘道館記」については拙著『水戸学の復興』（東京・錦正社刊）にも詳しく解説してありますので、省略しました。

（附）

初めにお断りしておきますが、現在中華人民共和国が支配している地域（大陸）、あるいはその政府などについて、これを現在は中国と呼んでおりますが、私は敢えてシナと表記しました。それは、次の理由によります。

現在シナといわずに中国と呼んでいるのは、我が国が大東亜戦争（これも太平洋戦争と呼び換えられています）に敗北し、戦勝国となった中華民国あたりからの要請で、支の文字が枝葉を指すため、支那は蔑称《べっしょう》（差別文字）であるからその使用を中止するように、との要請があったからだと伝え聞いておりますが、一体支の文字には軽蔑の意味はなく、曾て秦《シン》の始皇帝が海内を統一し、その威が辺境に及んだので、周辺の民族はこの地域・国を指すのに秦といい、それが転訛して支那《シナ》となったとされており、英語のChinaも同じ秦からきているとされています。シナ人は自らを中国《チュンコウ》人《リエン》と呼んでいたらしいのですが、支那は、インドなどでの呼称をシナ人自身が仏典と共に輸入して、震旦、至那・脂那・摩軻支那などと音訳したもので、特に摩軻という文字はmahaの音訳で、日本語では通常は「大」と訳される文字です。「大支那」はむしろ尊称であって、「支那」の文字に軽蔑の意味があれば、違った文字に翻訳したはずです。江戸時代に日本に招聘された明《みん》国の禅僧高泉性潡《こうせんしょうとん》も、自国（「中国」）のことを自ら支那と記していますから（「扶桑禅林僧宝伝」など。但野正弘著「水戸烈公と藤田東湖『弘道館記』の碑文」参照）、古代・中世でも近世でも「支那」に差別的な意味はないことがおわかりでしょう。

　リオのオリンピックでも、「中国」選手の胸にはChinaと記されていました。その前のオリンピックでは、People's Republic of Chinaと表示していました。ということはChina（チャイナ即ちシナ）が対外的には正式の名称であり、中華人民共和国もそれを承認していることに他なりません。中国という呼称は、中華人民共和国、中華民国の略称として用いる場合は、現在のそれぞれの国・政体（あるいはその領域）を指すものとしてならば認められますが、歴史的な呼称としては不正確です。我が国では古くから、震旦などの表記を用いていますが、明治以降は、歴史的表記を尊重して、支那と表記してシナと呼んでおりました。その表記は現在も「東シナ海」（Eastern China Sea、East China Sea）「南シナ海」などとして残っており、国際的にも承認されています。歴史的にも意味があり、現在国際的にも用いられているChina（シン→支那→シナ）を用いる所以です。但し、国際儀礼を尊重してカタカナすなわち音で表記します。

そもそも「中国」「中華」というのは一般名詞で、世界の中央の国・文化の優れた地域という意味です。地球は丸いので、どこでも中央になります。シナを中国と呼ぶのは第二次世界大戦の敗戦後遺症の一つに他ならないのではないでしょうか。

水戸義公（光圀）は、

「毛呂己志《もろこし》を称して文字に著すには晨旦とか支那とか書へし、漢といへば劉漢に限り、唐といへば李唐にかぎり、明といへば朱明にかぎれり、一代の国号を万世用ゆべからず、然るに震旦支那は西域より唱ふる言とて嫌ふハ偏見なり、外国は外国の言に随《したがう》こと多し」

と当時の風潮を戒め、（劉漢・李唐・朱明というのは、それぞれ劉邦・李淵・朱元璋の立てた王朝であるから、それぞれの姓を付けて呼んだのです）また、

「もろこし（唐土）を中華と称するは其国の人にハ相応《そうおう》なり、日本よりは称すべからず、日本の都をこそ中華といふへけれ、何そ外国を中華と名付けんや、そのいはれなし」（『西山随筆』）

と明快に断じています。従うべきでしょう。

水戸学の窓 ◆ 目次

元旦祭藤夫人文　徳川光圀（義公）

――愛のこころ――

（筆者略伝）

徳川（源）光圀（一六二八～一七〇〇）は、水戸黄門として知られる水戸藩二代の藩主で、号は常山、他に卒然子、梅里など、謚（おくり名）を義といいますので、敬称を付けて義公と呼んでいます。初代藩主頼房の三男ですが、六歳で世子（正式な跡継ぎ）に挙げられます。その少年期にはいわば不良的行動もありましたが、十八歳の時に『史記』の「伯夷伝《はくいでん》」を読んで、翻然《ほんぜん》として悟る所があり、それからは、学問に打ち込み、藩主となってからは、藩政に尽力して領民に慕われ、名君の名を得ました。「継絶興廃《けいぜつこうはい》」を生涯の目標として終生変わらず、領内の文化財の保護に尽くした功績は大きいものがあります。特に、三十歳にして史書の編纂に志し、全国から学者を選抜して、後世に『大日本史』として知られる史書の編纂に従事させました。そのために特に史館（彰考館）を設置して専任の学者を置いたので、水戸には学者・人材が育ち、後の水戸学に繋がっていきます。ちなみに、『水戸黄門漫遊記』は殆んど後世の創作話です。

なお、光圀の圀の字は、始めは國（国）の文字を使用しており、圀の文字を用いるようになったのは五十六、七頃以降からのようです。五十九歳の時の書簡に國を用いたものが見つかっているので、六十歳くらいまでは両方用いていたのでしょうか。

元旦祭㆓藤夫人㆒文

維萬治二年、歳次㆓己亥㆒、春正月元日、拙夫源光國、謹酹㆑酒燒㆑香、敢昭告㆓于夫人之靈㆒曰、

三微成㆑朔、斗柄指㆑寅。不㆑告㆓鷄鳴㆒、起問㆓宜人㆒。宜人不㆑譍、空閨寂寥、耿耿殘燈、冷焔空焼、室闃無㆑人、悵怳心惑。酒果羅㆑前、君胡不㆑食。於乎死矣、奈何如㆑斯。物換年改、我愁無㆑移。谷鶯百囀、我謂㆑無㆑春。庭梅已綻、我謂㆑不㆑眞。去年今日、對酌擧㆑觴。今年今日、獨坐上㆑香。嗚呼哀哉、幽冥長隔、天耶命耶、維靈來格。

（生熊昭文氏所蔵　義公自筆祭文）

（読み下し）

元旦藤夫人ヲ祭ルノ文

維《こ》レ万治《ばんじ》二年、歳《ほし》ハ己亥《つちのとい》ニ次《やど》ル正月元日《せいげつがんにち》、拙夫源光国、謹ンデ酒ヲ酹《たむ》ケ香ヲ焼《た》イテ、敢エテ昭《あきら》カニ夫人ノ霊ニ告《こく》シテ曰《もう》サク、三微《さんび》朔《さく》ヲ成《な》シ、斗柄《とへい》寅《とら》ヲ指ス。鶏鳴《けいめい》ト告ゲザリシカバ、起キテ宜人《ぎじん》ヲ問フ。宜人譍《こた》ヘズ、空閨寂寥《くうけいせきりょう》、耿耿《こうこう》タル残燈《のこんのともしび》、冷焔《れいえん》空シク焼《も》エ、室闃《げき》トシテ人無シ、悵怳《ちょうきょう》トシテ心惑《まよ》ヒヌ。酒果前ニ羅《つら》ナル、君胡《くんなん》ゾ食《くら》ハザル。於乎《ああ》死ンヌ、奈何《いかん》ゾ斯《か》クノ如クナル。物換リ年改《としあらたま》レドモ我愁《わがうれへ》ハ移《うつ》ルコトナシ。谷ノ鶯百囀《ももさえず》レドモ、我ハ春無シト謂《おも》ヘリ。庭ノ梅已《すで》ニ綻《ほころ》ビタレドモ、我ハ真《しん》ナラズト謂《おも》ヘリ。去年《こぞ》ノ今日ハ、対酌シテ觴《さかずき》ヲ挙《あ》ゲキ。今年ノ今日ハ、独《ひと》リ坐《い》テ香ヲ上《たてまつ》ル。嗚呼哀シイカナ、幽冥ノ長ク隔《へだ》ツルコト、天カ命カ、維《こ》レ霊來《きた》リ格《いた》レ。

（この文章の出典は現城里町の生熊昭文氏の所蔵に係る光圀自筆の祭文に拠《よ》った。読み仮名も全て自筆で振られている。）

〈語釈〉

維＝祭文などの書き出しに用いられる語で、一種の発声の辞。

歳次己亥＝昔は十干と十二支の組み合わせで歳を表した。

三微成朔斗柄指寅＝三微は三光、即ち日・月・星の光が微かに夜明けを示す様子をいい（『水戸史学』五十二号所収武浪嗣一氏「水戸徳川家の「天拝」について」）、斗柄は北斗星の柄の部分を言う。

なお、義公は一日の始まりを寅の刻から数えてはどうかという意見を持っていた（「義公遺事」）ので、一句の意味は、新しい一日が始まった、という意味と思われる。

拙夫＝光圀自身を指す。この二字は『常山文集』（光圀の詩文集）には無い。

鶏鳴＝朝廷に於いて正月元日の黎明には、「四方拝」という厳粛な行事が行われているが、その儀式の始まりの合図を鶏鳴といった（武浪氏前掲書）。

鶏鳴は一般には夜明けを意味する。したがって、「鶏鳴ト告げザリシカバ」というのは、刻限なのに鶏鳴の声が聞こえないので、どうしたことかと夫人の部屋を訪れた、という意味になる。夫人の死を忘れて、というよりも信じられなくて、「ついつい、いつものように」という気持を表したのだろう。

宜人＝その家にふさわしい人、つまり夫人のこと。

冷焔＝消えかかった炎。（『義公全集』本の「常山文集」では冷の字が、二水ではなく火扁になっているが、そうすると意味が変わる。）

闃＝ひっそりとしずまりかえった様子を表す言葉。

悵怳＝悵は恍に通ずる。いたみなげいて心が茫然となっている様子。

格＝至る、来る、の意味だが、至るべき正しい場に至り止まる意味を表す。

〔釈文〕

万治二年、歳回りは丁度己亥に当る正月元日、貴女の夫である私、源の光国は、謹んで霊前に酒をそそぎ、香を焚いて、今さらのようではありますが、あなたに私の心境をはっきりと申し上げます。

歳も改まって、正月元旦の早朝を迎えました。いつもならば聞こえるはずの、天拝の刻限を知らせる鶏鳴という声も聞こえませんので、どうしたことかと、私は床を離れてあなたの部屋を訪ねました。「入るよ」と声を掛けても貴女《あなた》は応えてくれません。貴女の居ない部屋はまことに寂しくさむざむとして、ただ燈明の消え残った炎だけが、あかあかと燃えているばかりで、そのあかるさが、かえって部屋の静けさを一層きわだたせ、貴女のいないさみしさを強調するかのようで、私は悼み歎く心のまま、ただ呆然とするばかりです。心づくしの酒や果物が沢山神牌の前に備えられているのに、貴女は何故、召しあがらないのですか。ああ、やはり死んでしまったのですね。どうしてこんなことになってしまったのか。年は改まって正月を迎えたけれども、私の悲しい気持ちは少しも改まりません。谷の鶯が百回囀ったとしても私には春が来たとは思えません。庭の梅が少しく花を開き始めたのも、本当の事とは思えません。（私にとっては、全てが、貴方が亡くなったその時のままです）。思い返せば一年前のお正月には二人相対して盃を挙げ新年を祝いましたが、今年の正月は、誰もいない部屋に、ただ一人で座ってこうして香をあげているのです。なんと悲しいことでしょうか。あなたは（若い身空で）遥か冥界に去って行かれましたが、これも天命なのでしょうか。願わくは、魂だけでも、貴女の居られるべきこの場に帰ってきて、長くとどまってほしいものです。

（解説）

この一文は、正規の祭文の形式を踏んで作られています。即ち「三微成朔、斗柄指寅、不告鶏鳴、起問宜人……」と四字ずつの句を連ね、さらに二句ごとに韻を踏んでいます。寅と人、寥と焼、惑と食という具合です（寥は遇韻、焼は嘯韻です。押韻についてはよくわかりませんが、同じく去声なので通用したのでしょうか。同様に矣―紙韻―と改―賄韻―も異なりますが上声です。）。翻訳してしまうと（翻訳が下手なせいかもしれませんが）何かぴったりと来ません。やはり原文で音読すべきでしょう。

光圀の婦人は泰姫尋子《たいひめちかこ》といい、近衛信尋の末姫ですが、信尋が皇室から近衛家に養子に入った人でしたので、実際の血統は、後陽成天皇の御孫、後水尾天皇の姪、時の光明天皇には従妹にあたるという、まさに貴戚というに相応しい姫君でありました。この近衛家と水戸家の縁談は、水戸藩士伊藤玄蕃と滋野井大納言季吉の斡旋で進んだのですが、実は両者の妻は姉妹で、水戸藩の重臣三木之次・武佐夫妻の娘であったのです。

それればかりではなく、武佐は、若いとき京都に上り、近衛家から入内した後陽成天皇の女御中和門院前子に仕える命婦《みょうぶ》となりました。女御の信任すこぶる厚く、常にお側にあったといいます。しかもこの中和門院の子が近衛家に養子に入った信尋で、泰姫の父に当たるのです。さらに武佐は、早世した妹に代わって水戸藩初代藩主頼房の乳母となり、やがて三木氏に嫁いだのです。武佐を鍵としてなんと不思議な因縁が錯綜していることでしょう。従っておそらくこの縁談の陰には武佐があり、当時八十歳を越えていたとはいえ、武佐の、新旧両家を思う真心からの縁談であったと思われます。

泰姫と光圀の婚儀は承応三年（一六五四）四月十六日に挙げられました。時に泰姫は十七歳、光圀は二十七歳でした。

夫人が亡くなられたのは、万治元年（一六五八）閏十二月二十三日、二十一歳の若さでありました。足掛け五年というはかない縁《えにし》でしたが、二人の間には深く通い合うものがあり、光圀はその後再び妻を娶ることもなく、泰姫について語ることも一切ありませんでした。しかし、元禄十一年（一六九八）に、七十一歳の光圀は髪を下ろして束髪となりますが、その日が、丁度泰姫の満四十年目の命日にあたる十二月二十三日であったことに、光圀のひめやかな想いを感じとることができるのではないでしょうか。

水戸黄門光圀という方は、徒らに印籠の権威を振り回す方ではありません。一人の女性をその生涯守り忍び続けるという、深い情愛の人であったのです。この愛の心が他へ向けられるとき、名君と慕われ、また歴史に対する深い洞察力となるのです。そして、この愛の心は、水戸学の底流となって、遠く幕末へと流れてゆくのです。

それはさておき、泰姫の棺は二十八日に水戸市吉田の薬王院の傍らに葬られました。墓は高さ四尺、方一丈五尺の所謂馬鬣封《ばりょうほう》としましたが、仏式によらないのは泰姫の希望でもありました。哀文夫人という諡《おくりな》は光圀自らが選定しました。〝恭仁短折〟を哀といい、〝学勤好問〟を文というと「諡法」にあります。泰姫にはまことに相応しい諡《おくりな》です。十二月の三十日には葬儀万端の報告があったことでしょう。この祭文は、このような短い時間で作られたものであり、光圀としては諸事茫茫とした中で、思いのたけを筆に托したものと思われます。詳しくは拙著「水戸光圀の遺猷」（錦正社刊）をご覧ください。光圀がこのように感情をあらわにした文章は他にありません。

語釈の鶏鳴の項に触れた「四方拝」については、正月元旦早朝のこの儀式は、古くは、形をすこしずつ変えてはいるものの、かなり広く行われていたようで、朝廷のみの儀式ではなかったようですが、水戸家では、二代目の光圀が、毎年正月元日早朝に、京都を遥拝されていたことは、よく知られています。しかしそれが如何なる意味を持つものであるかは、はっきりとはしていませんでした。しかし、この一文によって、その遥拝が四方拝に擬《なぞら》えたものであった可能性が強くなってきました。後に第九代の斉昭（烈公）について、藤田東湖は『常陸帯』の中で、

「我　屋形に天拝といふ式ありて、そは年々正月元日の晨《あした》、殿の前なる広庭に敷物設け、斉明《さいめい》盛服《せいふく》して遥に京師《みやこ》の方に向ひて拝み給ふなり。されば俗に御遥拝とも唱ふ」

と記述しています。ここで屋形は烈公を指し、斉明は物忌みをして心身を清めること、盛服は正装すること、ですから、この天拝は、朝廷の四方拝に倣った、まさに厳粛な儀式であったのです。水戸家の尊王の精神を如実に表しており、光圀以来代々受け継がれてきた大切な儀式であったと思われます。

この一文は極めて短いものですが、想いの籠った名文であると思います。

和内始言志并序

―夫唱婦随―

徳川光圀（義公）

婦人之有レ才、古今之所レ難也。謝女之貞、曹家之訓、頌二椒花一、織二錦字一。餘姑舍レ諸。文物之盛也、僅數人而已。況於二我朝一乎。有二賀茂齋院内親王有智子者一。強學二六經一、博通二百家一。詩賦文章、布二在方策一。爾來繼レ武而起者、未二曾聞一焉。嗚呼傅レ粉凝レ脂、所三以妝二其姿一也。讀レ書勤レ學、所三以正二其心一也。心正而后身脩、身脩而后家齊、治二家内一者婦人之道也。詩不レ云乎、宜二其家人一。化以及二于國于天下一、則致二治平一矣。九仞之山、始二於一簣一、千里之途、始二於一蹴一。其所二先後一、蓋可レ知矣。

（読み下し）

内ノ始メテ志ヲ言フニ和ス　并ビニ序

婦人ノ才アルハ、古今ノ難シトスル所ナリ。謝女ノ貞、曹家《そうこ》ノ訓《おし》ヘ、椒歌ヲ頌シ、錦字ヲ織ル。余ハ姑《しばら》ク諸《これ》ヲ舍《お》ク。文物ノ盛ンナルモ、僅カニ数人ノミ。況ヤ我ガ朝ニ於イテヲヤ。賀茂斎院内親王有智子ナル者有リ。強《つとめ》テ六経ヲ学ビ、博《ひろ》ク百家ニ通ズ。詩賦文章ハ布《し》キテ方策ニ在リ。尓来《じらい》武《ほ》ヲ継ギテ起ツ者、未ダ曽テ聞カザルナリ。嗚呼、粉ヲ傅《ふ》シ脂ヲ凝《こ》ラスハ、其ノ姿ヲ妝《かざ》ル所以《ゆえん》ナリ。書ヲ読ミ学ヲ勤ムルハ、其ノ心ヲ正ス所以ナリ。心正シクシテ后《のち》身修リ、身修リテ后家斉《ととの》フ。家内ヲ治ムルハ婦人ノ道ナリ。詩ニ云ハズヤ、其ノ家人ニ宜シ、ト。化シテ以テ国ニ天下ニ及サバ、則チ治平ヲ致サン。九仞ノ山モ一簣《いっき》ヨリ始マリ、千里ノ途《みち》モ一蹴《いっしゅう》ヨリ始マル。其ノ先後スルトコロ、蓋シ知ルベシ。

（語釈）

并＝並に同じ。

志＝詩。詩は志を述べるものとされた。

謝女＝宋の謝枋得の夫人の事か。謝は、元に拘せられて仕官を勧められたが拒み、絶食して死んだ。妻は二人の子を連れて一旦は逃れたが、他に累を及ぼすことを虞《おそ》れて囚えられ、節を守って縊死した。枋得の母も亦進退見事であったという。

曹家＝曹大家《たいこ》、すなわち漢の班昭を指すと思われる。昭は淑徳を以て聞こえ、和帝の召により宮廷に入り、皇后・貴人の師となった。著書に「女誡七章」がある。兄の固が死んだ後「漢書」を完成させた才媛。

頌椒花＝晋の劉臻《りゅうしん》の妻の陳氏は文章を以て有名であった。ある元旦、「椒歌頌」（新年の祝詞）として四言八句の詩を作って献じた。

織錦字＝前秦の竇滔《とうとう》の妻の蘇氏が、二百余首八百余字の長文の廻文詩（廻文旋図詩ともいう。前から読んでも、後ろから読んでも、中央から旋回して読んでも、平仄も韻も相かなうように作った詩）を錦に織り込んで、遠堺に駐屯している夫に贈った故事。

以上の四例はシナの史上有名な婦人を列挙したもので、あれほど文物の盛んなシナでさえも、こうして数え挙げても僅か数人に過ぎない、ということ。

賀茂斎院内親王有智子＝嵯峨天皇の皇女で、加茂社の初代の斎官。詩文の才に優れた才媛で、その詩文は『経国集』（平安時代の初期に編纂された勅撰の漢詩文集。後の漢詩文集の先駆となった）

に在る。
六経＝学者の基本となる古典。易経・書経・詩経・春秋・礼経・楽経の六つをいう。後に礼経と楽教が欠けて礼記を補い五経となる。
百家＝あらゆる系統の学者・知識人
方策＝方は木の板、策は竹簡のことで、転じて書籍・書物の事。方冊に同じ。

継武＝武は歩に同じ（音通）。つまりその跡を継いで、という意味。
傅＝伝（傳）とは違う文字。音はフ。附に同じ。
詩＝詩経の国風一に「桃夭」の四言古詩があり、それには「……之《この》子于《ゆ》キ帰《とつ》グ、其ノ室家ニ宜シカラン」という句がある。

（釈文）

女性の身で、その才能を発揮して世に名を遺すことは、昔も今も難しいことです。シナの歴史上に著名なのは宋の謝枋得《しゃぼうとく》の夫人、教養の高さを以て聞こえているのは漢の曹大家《そうたいこ》すなわち班昭であり、また晋の劉臻《りゅうしん》の妻の陳氏は「椒花頌」を献じて有名であり、秦の竇滔《とうとう》の妻の蘇氏は錦に廻文詩を織り込んで夫に送ったことで有名です。その他にもありましょうが、あのように文物の盛んなシナに於いても数人といったところでしょう。まして、我が国に於いては歴史に名を遺すような人物は極めて稀であります。

我が国で著名な女性としては、九世紀に賀茂斎院となられた内親王有智子という方が居られました。シナの六経をはじめとして諸子百家の古典に通じた才媛で、その詩や文章は『経国集』（平安時代初期に編纂された勅撰の漢詩文集）に載せられております。その後、彼女の後を継いで名を遺した者があるということを、私は聞いたことがありません。

白粉を掃《は》きクリームを塗るのは自分を美しく見せようとする為で、いわば、表面を取繕《とりつくろ》うことに他なりません。しかし、書物を読み学問に励むのは心を正しく美しくすることなのです。人は己の心を正しくして初めて自分自身を規律することが出来、自分自身が道理を正しく把握し実践してはじめて家を斉《ととの》えることが出来るのです。家をまとめ家族を守るのは夫人の勤めです。詩経にも「其ノ家人ニ宜シカラン」とあるではありませんか。この夫人の心を天下に押し広めてゆけば世の中は安らかに治まるのです。雲を衝《つ》くような高い山も、これを作ろうとすれば先ず箕《み》に乗せた一杯の土を置くことから始めなければならず、遠くへ行こうと思えば、先ず第一歩を踏み出さなければなりません。ものごとには必ず順序というものがあるのです。（学問の世界も詩の世界も、まず基本からはじめなければならない。）

我聞古昔之君子、論二婦人之好悪一、苟以レ徳稱、不二以レ色取一。諸葛之醜女、閔王之宿瘤、是以二其徳一者也。呉之西子、唐之太眞、是以二其色一者也。所謂以レ徳受レ愛者、愛竟不レ弛。以レ色得レ寵者、寵有レ時衰。譬如布袋貯二金玉一、レ人争取レ之、錦嚢盛二糞土一、誰不レ棄レ之哉。

（読み下し）

我聞ク、古昔《むかし》ノ君子、婦人ノ好悪ヲ論ズルニ、苟《かりそめ》ニモ徳ヲ以テ称シ、色ヲ以テ取ラズ。諸葛ノ醜女、閔《びん》王ノ宿瘤《しゅくりゅう》、是其ノ徳ヲ以テスル者ナリ。呉ノ西子、唐ノ太真、是其ノ色ヲ以テスル者ナリ。所謂徳ヲ以テ愛ヲ受クル者ハ、愛竟《つい》ニ弛《ゆる》マズ、色ヲ以テ寵ヲ得ル者ハ、寵、時有リテ衰フ。譬ヘバ如《も》シ布袋ニ金玉ヲ貯ヘンカ、人争ヒテコレヲ取ラン、錦嚢ニ糞土を盛ランカ、誰カコレヲ捨テザラン。

（語釈）

諸葛之醜女＝三国志で有名な諸葛孔明の奥さんは賢夫人であったが不美人であったと伝える。

閔王之宿瘤＝春秋時代、斉の閔王の后は首筋に大きな瘤があった。閔王が外出した折に農婦の中でただ一人振り向きもせずに桑を摘む夫人があったので、怪しんでこれと問答したところその応答が優れていたので立てて后としたという。宿瘤採桑という故事として有名。

呉之西子＝西子は呉王夫差の愛妾西施のこと。その風姿から「顰《ひそみ》に倣《なら》う」という熟語が出来た。

唐之太眞＝太真は玄宗皇帝の妃楊貴妃の号。安史の乱の因を為した楊国忠の妹。

西施、太真共に絶世の美女であったが国を傾ける因となった。このような美を「傾城《けいせい》の美」という。

（釈文）

私は、昔の君子人たちが特定の女性について論評する場合には、その夫人の人格・性質について評価するのであって、その美醜は少しも判断の基準とはしなかったということを聞いております。賢夫人として高く評価されている諸葛孔明の夫人は決して美人ではなかったといいますし、春秋時代の齊の閔《びんおう》王の皇后は、首に大きな瘤がありましたが民間から皇后に挙げられました。これらはその人物が優れていたからであります。戦国時代の呉の西施や唐の時代の太真（楊貴妃）は、その美貌の故に王や皇帝の寵を得たのですが、遂に国を亡ぼす基となりました。その人格を愛される夫人は、生涯その愛が緩むことはありませんが、美貌の故に寵愛される者は、色香が衰えれば愛も続かないことは明かです。例えていえば、若し粗末な布の袋であっても、中に金銀宝玉が入っていれば、人は争ってこれに手を伸ばすでしょう。しかし、いくら美しい錦の袋であっても、その中身が糞や泥であったなら、人は見向きもしないでしょう。それと同じことなのです。

今年始見㆔詞花之生㆓於閨房㆒、長期㆔英才之秀㆓於藝苑㆒。題以㆔春月映㆓梅花㆒。於㆑是請㆓點竄於予㆒。就而誦㆑之、句句琅琅、字字璨璨、豈容㆓嘴于其間㆒乎。戯取㆓題之字義㆒、語㆑卿曰、能經㆓三冬之寒苦㆒、而知㆓一陽之來復㆒。凜凜高㆓節操㆒、彬彬有㆓文質㆒。比㆓玉色之明道㆒、擬㆓深衣之馬公㆒。宜矣、梅也花中之儒、其稱豈淺淺哉。若夫月者陰之德也。女者月之象也。陰晴之變、盈虛之數、萬人之所㆓仰望㆒也。

（読み下し）

今年始メテ詞花ノ閨房《けいぼう》ニ生ズルヲ見、長ク英才ノ芸苑《げいえん》ニ秀ズルヲ期ス。題スルニ春月梅花ニ映ズヲ以テス。是ニ於テ点竄《てんざん》ヲ予ニ請フ。就イテコレヲ頌スルニ、句々琅琅《ろうろう》、字々璨璨《さんさん》、豈嘴《くちばし》ヲ其ノ間ニ容《い》レンヤ。戯《たわむれ》ニ題ノ字義ヲ取リテ、卿《けい》ニ語ツテ曰ク、能ク三冬《さんとう》ノ寒苦ヲ経テ、シカウシテ一陽ノ来福ヲ知ル。凛凛《りんりん》トシテ節操高ク、彬彬《ひんぴん》トシテ文質アリ。玉色ヲ明道ニ比シ、深衣ヲ馬公ニ擬《なぞら》フ。宜《むべ》ナルカナ梅ヤ花中ノ儒、ソノ称豈《あに》浅浅ナランヤ。若シ夫レ月ハ陰ノ徳ナリ。女ハ月ノ象《しょう》ナリ。陰陽ノ変、盈虚《えいきょ》ノ数ハ、万人ノ仰ギ望ムトコロナリ。

（語釈）

閨房＝夫人の居間
点竄＝文章の字句を改め変えること。添削に同じ。

句句琅琅、字字璨璨＝琅琅は金や玉が互いに触れて鳴るさわやかな音、璨璨は玉の垂れ下がる様子をいう。

三冬＝冬の三ヶ月。冬の間中の意。

凛凛＝心の引き締まるさま、又、容姿の引き締まって美しいさま。

彬彬＝文飾と質とが両ながら備わるさま。文質彬彬と熟す。「文質彬彬然後君子」とは、文飾（表面の美しさ）と実質の美しさの両方が備わってはじめて君子と言えるという意味。

明道＝宋代の儒者程顥《ていこう》のことか。明道先生と尊称された。弟の程頤《ていい》（伊川先生）と共に宋学の主唱者となり、孟子の後一人と称せられたが、常に誠心を以て人に接し、忿厲《ふんれい》の色を見たものはいないと言われた。

深衣＝シナの古の制服。上着と裳裾が連結した衣。

馬公＝明の人。名は佚《いつ》。孝慈皇后の父。沈毅寡言、然諾（ぜんだく＝一度請合ったことは必ず実行する）を重んじ、性、剛強にして不義を仇視したという。

（釈文）

今年になって初めて貴女が漢詩をお作りになったのを見て、これから素晴らしい才能が芸術の世界に花開くことを期待します。創られた詩は「春月映梅花」と題され、私に字句の訂正を求められました。そこで、貴女の詩を拝見してこれを朗誦してみますに、響きもよく文字遣いも素晴らしく、とても添削などすることは出来ませんでした。そこで、私は遊び心を起こして、貴女の詩の題を借りて貴女に申し上げようと思います。

梅の花というものは、厳しく長い冬を凌いで真っ先に春の到来を告げる花で、その凛とした姿はあくまで清純で、操《みさお》高く、文と質とが両ながら備わっております。その色はさながら宋の程顥《ていこう》の心の様であり、その姿はあたかも制服をきっちりとまとった馬公のようであります。実際、梅が花の中の儒者だといわれるのは、実に深い意味があることが納得されます。月に至っては陰の徳を表し、女性を象徴します。日月の交代で一日を知り、月の満ち欠けで月を数えることは、万人が仰ぎ望んで知るところであります。

文昭甄皇后曰、聞古者賢女、未レ有レ不下學二前世成敗一以爲中己誡上、不レ知レ書何由見レ之、所謂文者貫レ道之器也、不レ可レ不レ勉レ旃。行有二餘力一則以學レ文之遺意也。卿夫拳拳服膺、而弗レ失レ之、佗日輝二明德於中國一、流二芳名於後世一也必矣。恰如二月之梅之相映一乎、是予之所二規祝一也。信レ筆次レ韻、

一刻千金誰買得　暗香疎影兩三枝
月光妝出含章下　撲レ面春風不レ耐レ吹

（『水戸義公全集』所收「常山文集」）

（読み下し）

文昭甄《けん》皇后曰ク、聞ク古ヘハ賢女、未ダ前世ノ成敗ヲ学ビテ以テ己《おのれ》ノ誡トセズンバアラズ、書ヲ知ラザレバ何ニ由ツテカコレヲ見ン、所謂文ハ道ヲ貫クノ器《うつわ》ナリ、旃《これ》ヲ勉メザルベカラズ、ト。行ヒテ余力有ラバ則チ以テ文ヲ学ブノ遺意ナリ。卿、夫レ拳拳服膺《けんけんふくよう》シテコレヲ失ハザレバ、佗日《たじつ》明徳ヲ中国ニ輝カシ、芳名ヲ後世ニ流サンコト必セリ。恰《あたかも》月ト梅ト相映ズルガ如キカ。是予ノ規祝スルトコロナリ。筆ニ信《まか》セテ韻ヲ次《つ》グ。

一刻千金誰カ買ヒ得ン　暗香疎影両三枝

（語釈）

文者貫ㇾ道之器＝文章は永遠に道を伝えるための道具である、という意味。従って、文章によって道を学ぶことが可能となる。

旃＝音はセン。之とほぼ同じで、是や此よりも軽い表現。

行有二余力一則以学ㇾ文＝『論語』学而第六に「子曰ク、弟子入リテハ則チ孝、出テハ則チ悌、謹ミテ信、汎《ひろ》ク衆ヲ愛シテ仁ニ親ミ、行ヒテ余力有ラバ、則チ以テ文ヲ学べ」とあるに依る。この意味は、若い者は、理屈よりも、孝、悌、信等の実践を先とすべきで、余力が有るならば学問によってそれらの義理を極めよ、ということ。

拳拳服膺＝両手で物を大切にささげ持つように、いつも胸にたたんで、忘れずに守ること。

佗＝音はタ。他に同じ。

月光妝《かざ》リ出ス含章《がんしょう》ノ下　面《おもて》ヲ撲《う》ツ春風吹クニ耐ヘズ

中国＝我が日本国をさす。シナではない。『はじめに』の文を参照されたい。

規祝＝この熟語は『大漢和辞典』にない。但し、「祝規」はあり、祝い悦び、且つ戒める、また、祝いといましめ、とある。祝と規の文字の意味からして、文字が転倒しても意味は変わらない。

信ㇾ筆次ㇾ韻＝信は任せる意。「信手把筆」などと用いる。次韻は前の人の韻字を用いて漢詩を作ること。この場合は枝と吹が上平声支韻で、泰姫の詩の韻を用いたということ。

妝＝音はソウ（漢音）またショウ（呉音）。装う意。

含章＝美を内に含む、内に徳を蔵する意。章は美。ここは梅の花をさしている。姫の詩に「玉満枝」と、梅花を玉と表現しているのを承けて、含章といったのであろうか。

撲＝音は慣用でボク。ここでは、小さくぽんぽんと打つ、打ち当る意。「雪、衣ヲ撲ツ」などと用いる。

（釈文）

三国時代の魏の曹操の妃であった文昭甄《けん》皇后が申しました。「自分は、昔の賢いといわれる女たちは、前の時代の成功や失敗の迹をよく学んで自分自身の戒めとしなかった者はない、ということを聞いている。書物を学ばなければどうして過去の成敗を知り得ようか。だから、文は道を貫くための器であるといわれてきたのである。広く書物を読んで学ばなければならない」と。このことの意味は、日常の勤めの中で生じる余力を以て書物を学べという訓《おしえ》であります。貴方がこのことをいつも胸にきざんでよく守り失わないならば、やがて必ずこの日本国中の人々から仰ぎみられるようになり、優れた女性としてその名を後世にまで残すことになるでありましょう。丁度月と梅とがお互いを照らし合ってますますお互いを美しくするように、あなたの徳と才能とがお互いを引き立てあうことでしょう。私はこのことをあらかじめ期待し祝福したいと思います。

そこで、私も筆にまかせて貴女の詩の韻字を用いて同じ七言絶句を作り唱和することにしました。

「春の夜は一刻の値が千金といわれますが、いったい誰がこれを買い取ることができるのでしょうか、ほの暗い夜の光の中、かすかに見える枝々からほのかに梅の香りがただよってきます。月の光が美しく花の姿を浮かび上がらせますと、かすかな春風がやさしく面にあたって吹いていきました。」

〈解説〉

夫人の泰姫がはじめて漢詩を作り、義公に添削を求めて来たのに対して応えた一文です。奥さんが詩をつくりました。ああ、よく出来たね、私も同じ韻で唱和しよう、と。それだけでも優しい心遣いですが、同時に、奥方が先生もいないのに、新しい努力をして詩を作るということは大変なことですから、その努力を学問の発端として褒め称え、さらにこれからの心構え、行くべき道を親切丁寧に教えている文章です。泰姫については前の「祭元旦藤夫人文」にも述べましたが、付け加えれば、義公の身近に仕えた京都出身の安藤年山は、姫について、「**御性質の美なるのみならず、詩歌をさへこのみ玉ひて、古今集、いせ物語はそらにおほえ、八代集、源氏物語なとよく覚えたまひしとそ、また三体詩をも暗記したまひけるとそ**」（『年山紀聞』）と伝えています。

三体詩というのは、唐時代の詩の中から七言の絶句と律詩、五言の律詩の三体の詩を集めて作詩法の基準を示したもので、漢詩を学ぶ人の最初のテキストといってよい。さすがは文雅を以て聞こえた近衛家の姫君であり、しかも十七歳の春迄家に在ったためか、その教養は、女性としてはやはり群をぬいていたのでしょう。姫には『香玉詠草《こうぎょくえいそう》』と名付けられた歌集があり、和歌九十二首長歌一首と和文一篇が収められていますが、その中に七言絶句二首が含まれています。

この時の泰姫の詩は

春宵深月清雲上　梅蕋湜香玉満枝

此景有誰得絵尽　暁風一陣撲鼻吹

（春宵深月清雲ノ上　梅蕋《ばいずい》香ヲ湜《はな》チテ、玉《ぎょく》、枝ニ満ツ

此ノ景誰有リテカ絵《えが》キ尽クスヲ得ン　暁風《ぎょうふう》一陣鼻ヲ撲《う》ッテ吹ク）

でありました。この枝と吹の韻を用いたので義公は次韻といったのです。義公の結句は姫の結句を踏まえたものであることがおわかりでしょう。

ところでこの詩の出来栄えはどうでしょうか。義公は句々朗々字々粲々と言っていますが、漢詩の作法から見るといろいろと難点があるようです。

そもそも漢詩は唐の時代に詩としての完成形（所謂近体詩）ができるのですが、その際に音律の関係からか、シナ語の音韻である四声（平・上・去・入の四つの声調）を平声と他の三つを併せた仄声との二つに分け、それぞれの配列に拠って声調をととのえるために、平仄の配列についての約束事が出来るのですが、泰姫の詩ではその約束事が守られていないのです。俗に、なんとなく辻褄が合わないことを「平仄が合わない」といいますが、平仄が合わないと調子が整わないことからきているのです。つまり、はっきり言えば、姫の詩は平仄が合っておらず、漢詩（近体の）としては上出来とは言えないのです。義公の詩は、さすがに約束事から外れていませんから、義公が見れば一目で、誤りの個所がわかるはずです。

しかし義公はこの点については一言も批判がましいことは述べず、かえって激賞しているのです。義公という方は優しい方ですね。考えてみれば、初めての作詩です。それを、ここはダメこれもダメと言ってしまっては、折角の意欲も萎えてしまいます。先ず、一生懸命やったことを褒めてあげる。これをきっかけとして、段々に本物を身に着けられるように努力を促す。これはまさに教育の原点です。奥さんの向上心を、学ぼうとするきっかけを大事にして、出来たものを大切にして、目標を与えて更に励むように希望した。義公と泰姫との関係は、学問も志も一つにされる、そんな素晴らしい関係であったのであろうと思われます。

実際、泰姫は義公の『礼記』の講義にも出席して感想を述べていますし、また、泰姫の文章の中に「書楼の記」という一文がありますが、これは明暦の大火の後、駒込の敷地に本式の建築で書楼が建設されたことを心から喜んで記した一文で、書楼というからには義公の書斎を兼ねた建物であり、おそらく『大日本史』の編纂事業もここで始まったものと思われますが、その夫の学問の場、志を伸べる場がいち早く出来上がったことを、心から祝福しているのです。付け加えれば、義公にはいわゆる男尊女卑の観念は希薄で、泰姫の侍女であった左近局のために「千字文」を筆写し、それに読み仮名をつけて与えたりしています。

「元旦祭藤夫人文」とこの「和内始言志並序」の二つの文章は、水戸黄門光圀の人間性を如実に表した文章であると思います。

水戸学は先ず、この義公光圀から始まったことを記憶して下さい。

代人欽乞興造宗廟表

―国の基本―

森　尚謙（儼塾）

（筆者略伝）

森尚謙は摂津高槻（現大阪府）の人。医学を修めましたが、貞享元年（一六八四）佐々宗淳の推薦によって水戸徳川家二代藩主光圀（義公）に仕え、史館（彰考館）編修となり、また、光圀の侍医の一人でもありました。元禄九年（一六九六）の暮れに水戸教授を命ぜられ、宮井道先の後を承けて、あくる十年春より藩士の教育に尽力、享保二年（一七一二）七月致仕、同六年三月十三日歿しました。齢六十九。墓は現水戸市内神崎寺《かみさきじ》にあります。字は利渉、号は復庵《ふくあん》また不染居士《ふせんこじ》。儼塾《げんじゅく》は、水戸大町の塾の名称で光圀の命名ですが、自らの号としても用いています。その詩文集を『儼塾集』といいます。なお、水戸の学者には珍しく仏教に精通しており、『護法資治論《ごほうしちろん》』という著書があります。

代レ人欽乞レ興二造宗廟一表

此表元禄甲戌秋、承二公命一而作、而有レ議罷而不レ達

恭惟　吾朝　天孫之正統、自二　神武天皇一至二　今上一一百十四世、二千三

（読み下し）

人ニ代リテ欽《つつし》ミテ宗廟ヲ興造センコトヲ乞フノ表

此ノ表ハ元禄甲戌（七年）ノ秋、公命ヲ承《う》ケテ作ル。シカレドモ議有リ、罷《や》メテ達セズ。

百五十餘年、皇統相繼、寶祚永保。可レ謂三功徳過二於三五一矣。所レ恨綿邈之間、陵墓或失二其地一、舊史所レ録難二推求一焉。

恭《うやうや》シク惟《おもん》ミルニ、吾ガ朝《ちょう》ハ天孫ノ正統ニシテ、神武天皇ヨリ今上ニ至ルマデ一百十四世二千三百五十余年、皇統相ヒ継ギ宝祚《ほうそ》永ク保テリ。功徳ハ三五ニ過ギタマフト謂フベシ。恨ムル所ハ綿邈《めんばく》ノ間、陵墓或ハ其ノ地ヲ失ヒ、旧史ノ録スル所推求シ難シ。

（語釈）

元禄甲戌＝元禄七年、西暦で一六九四年。

今上＝東山天皇（貞享四・一六八七～宝永六・一七〇九在位）を指す。

天孫＝天照大神の御孫瓊瓊杵尊《ににぎのみこと》。高天ヶ原からこの地上に下って来られた。この瓊瓊杵尊のひ孫にあたる方が神武天皇。

二千三百五十余年＝『日本書紀』の紀年をそのまま用いている。『日本書紀』によれば神武天皇の御即位は西暦に換算して紀元前六六〇年に相当し、皇紀はこの年を元年として起算する。

三五ニ過グ＝三皇五帝を凌駕する。三皇五帝は、シナの伝説上の皇帝達で、伏羲から帝舜までの八人をいう。

綿邈＝はるかに遠い、悠遠という意味。綿の本字は緜。

（釈文）

或る人の代理として、当局に対して宗廟を新たに造営するよう謹んでお願いする文書

（この文書は元禄七年の秋、主君の命令を受けて作文したものであるが、異論もあり、上

表をやめたものである）

つつしんで考えてみますに、我が国は、天照大神の御孫様の血統を、正しく承け継いでおられる方の治められる国であり、初代の天皇である神武天皇から今の陛下に至るまで、百十四代二千三百五十年余りの間、天皇の血統は正しく承け継がれ、ずっと続いてこられたのであります。その功業と人徳とは、シナの三皇五帝の徳をも超越していると言ってよいでありましょう。ただ残念なことには、非常に長い年月が経っておりますので、たまたまその御墓の所在が分らなくなっているものもあり、歴史の書物に記録されている所から推定しようとしてもなかなか難しいのであります。

（解説）

「欽」の文字は、おそれつつしむ意で、非常に丁寧な表現です。幕府への上表であろうと思われますが、事の成就を願う気持が篭められているようです。元禄七年は義公六十七歳で、既に西山に隠棲の身です。従って此の場合の代人の人は、三代藩主綱條であるとするのが正しいかもしれません。水戸藩からの正式な願いとして提出するつもりであったと思われますが、この上表を書かせたのは綱條ではなく、おそらく義公であると思います。

「議有リ」とは具体的に何を指すか明かではありません。義公関係の史料にもこの上表の事は何も出て来ません。藩の都合か幕府の側の状況か、あるいは藩内の意見が割れたのか、定かなことはわかりませんが、多くの山陵に対して、元禄十年から十二年の間に幕府によって一応の補修がおこなわれたこと、また当時としては神武天皇の御陵の所在について確定が難しかったことなどが考えられますが、今は仮に、異論もあり、としておきました。

吾　朝　古先哲王、邦有ニ大事一必告ニ祖考山陵一。事レ之如レ生、祭レ之如レ在、遣レ使奉幣、置ニ陵戸一守レ之、毎年修ニ理其兆域垣溝一。故明徳昭々峻極ニ于天一。

（読み下し）

吾ガ　朝《ちょう》ノ古先哲王、邦ニ大事有ルトキハ必ズ祖考ノ山陵ニ告《こく》シタマフ。コレニ事《つか》フルコト生ケルガ如ク、コレヲ祭ルコト在《いま》スガ如ク、使ヲ遣ハシテ奉幣シ、陵戸《りょうこ》ヲ置イテコレヲ守リ、毎年其ノ兆域垣溝《ちょういきえんこう》ヲ修理ス。故ニ明徳昭々、峻《しゅん》トシテ天ニ極マル。

（語釈）

兆域＝墓として指定された境界をさす。

（釈文）

我が国の昔の代々の天皇は、国家に大事が生じた時には、必ず御祖先の陵墓に問題を報告されたのでありました。その態度は、遠い祖先ではあっても、今現在に生きて居られてそこに坐って居られるように、うやうやしく荷前使《のさきのつかい》などを派遣して種々の幣《ぬさ》を奉って御祭祀をし、また陵戸《りょうこ》と名付けられた墓守を置いて常に御墓を守り、且つその周囲の境界を示す溝や垣を毎年に修理させたのでありました。そのために天皇の御徳はあくまでも明らかで、万民に高く仰ぎ望まれて来たのでありました。

（解説）

まず、古代において、朝廷が陵墓に対してどのように接して来たかが述べられます。そしてそのお祭りが皇室の御徳をいやましに高めたと述べます。

「吾　朝」と朝の字の前を一字分開けて書くのは、朝、すなわち朝廷を敬う意味を込める書き方の約束事で、これを闕字と言います。祖考や後に出て来る天皇の称号の前、帝祖、太祖、先王など、みな同じです。

令の制度では、「山陵」という場合は全て天皇の御陵を指します。また、朝廷に於ける即位や立太子などのときに派遣される勅使を「告陵使《こくりょうし》（または山陵使）」といい、毎年納められる布や絹を陵墓にお供えする勅使を「荷前使《のさきのつかい》」といいます。「陵戸《りょうこ》」は陵墓の保存維持管理に当たる賤民の呼称で、天皇陵には五戸、皇子・皇后陵には三戸を標準としましたが、律令制度の弛緩とともに、九・十世紀ころには消滅してしまいます。

夫 神武天皇開㆓吾大八州㆒、殄㆓盡兇徒㆒、創㆓造洪基㆒。其功徳巍々萬世仰㆑之。宜㆘彌敬㆓其廟㆒彌嚴㆓其祭㆒光㆗被威靈於億兆㆖者也。

（読み下し）

夫レ神武天皇ハ、吾ガ大八州《おおやしま》ヲ開キ、兇徒ヲ殄尽《てんじん》シテ洪基《こうき》ヲ創造シタマフ。其ノ功徳巍々《ぎぎ》トシテ万世コレヲ仰ギマツル。宜シク弥々《いよいよ》其ノ廟ヲ敬《うやま》ヒ弥々其祭ヲ厳《おごそか》ニシテ、威霊ヲ億兆ニ光被《こうひ》セシムベキモノ也。

（語釈）

大八州＝日本国の古称。本州・四国・九州・淡路・壱岐・対馬・隠岐・佐渡の八島から成る国として、古くは「おおやしま」と呼んだ。

殄尽＝滅ぼしつくす。殄は絶やす、滅ぼす意。尽はことごとく、尽くす意。

洪基＝帝王の事業の土台をいう。洪は大きい意。

巍々＝山が高く大きい様子を表す語。

光被＝徳の光が広く世に行き渡ること。光㆓被四表㆒などと用いる。光の上に令字がぬけているかもしれない。

（釈文）

一体、我が国は神武天皇がこの国土を一つのものとして統一され、極めて悪い者どもを殺しつくして天下を安定させ、帝王としての事業の土台を御創りになりました。その御功績は極めて偉大であり、何世紀にもわたって仰ぎ見られて来たのであります。したがって、いやがうえにも神武天皇の御陵を敬い、そのお祭りを厳粛に修して、天皇の恩徳が、広く国民に行き渡るようにしなければなりません。

夫上報本追遠之典未レ全、則下亦效レ之有下甚レ焉者上。在昔平清盛、當レ祭二其所出桓武天皇子葛原親王一、而何致レ敬二嚴島明神一、源頼朝當レ祭二其所出清和天皇子桃園親王一、而何厚信二鶴岡八幡一。噫二子不學之失、延二及後世一。不レ辨下尊二始祖一之道上、不レ及下藤氏奉二崇春日談峯一之爲上レ得レ道也遠矣。

（語釈）

所出＝ショスイとも読む。出向。出処。

厳島明神＝広島県にある。『平家納経』は有名。海上守護の神とされる。

（読み下し）

夫レ上《かみ》ニ報本追遠ノ典未ダ全《まった》カラザレバ則チ下《しも》モ亦コレニ效《なら》ヒテ焉《これ》ヨリ甚シキ者アリ。在昔《むかし》平清盛ハ、当《まさ》ニ其ノ所出ノ桓武天皇ノ子葛原親王ヲ祭ルベクシテ、何ゾ厳島明神《いつくしまみょうじん》ニ敬ヲ致シ、源頼朝ハ当ニ其ノ所出清和天皇ノ子桃園親王ヲ祭ルベクシテ、何ゾ厚ク鶴岡《つるがおか》八幡《はちまん》ヲ信ズルヤ。噫《ああ》二子不学ノ失、延《ひ》イテ後世ニ及ブ。始祖ヲ尊ブノ道ヲ弁《わきま》ヘザルハ、藤氏ノ春日談峯ヲ奉崇スルノ道ヲ得タルト為《な》スニ及バザルコト也《ま》タ遠シ。

春日談峯＝春日大社と談山神社をいう。春日大社は藤原氏の祖、アメノコヤネノミコトを祀り、談峯（峰）は談山神社で、藤原氏の祖である中臣鎌子（なかとみのかまこ、鎌足のこと。藤原の姓を賜わる）を祀っている。

（釈文）

一体、本《もと》に報い遠きを追う（＝祖先の事を追懐しその恩に報いようとする）ための規則や方法が、国の上に立つ者たちの間に十分に整っていない場合には、下々の者たちもこれに倣って、さらにいっそう祖先の祀りを疎かにするようになるものであります。例えば、平清盛は、自らの出自である桓武天皇のお子様である葛原親王を自らの祖先としてお祭りしなければならないはずなのに、どうして厳島明神を崇敬したのでありましょうか。また源頼朝は、その出自である清和天皇の皇子桃園親王をお祭りすべきであるのに、どうして鶴岡八幡を厚く信仰したのでありましょうか。まったく、この二人の無学による過ちは、長く今日まで悪影響を及ぼしているのです。我が国の二大氏族ともいうべき源平の二氏にして、その祖先を貴ぶことを知らないというこの現状は、藤原氏が春日神社や多武峰の談山神社を崇敬するという、道理に適った在り方に比べれば、はるかに及ばないのであります。

（解説）

論語に曾子の言葉として「終リヲ慎ミ遠キヲ追ヘバ、民ノ徳厚キニ帰ス」（原漢文）とありますが、これはまさに社会の安定のための基本法則とでもいうべきことでありましょう。私共が自らの死を、尊厳を以て迎えることと、先祖を祀り、己の来し方に連なる永い歴史の道のりに思いを致すとき、人は自分一人で生きているのではないことを実感するでしょう。これを皇室に於いて考えるときは神武天皇をお祀りすることになり、ひいては国民に対して報本追遠の道をあきらかに示すということになり、国家安定の基礎を成すことになります。

本文に、平氏は葛原親王《くずはらしんのう》をお祭りすべきだと言っておりますが、平の姓を賜って臣籍に下ったのは、葛原親王の孫の高望王《たかもちおう》の代です。また、桃園親王は貞純親王《さだずみしんのう》のことで、その子が源《みなもと》の姓を賜って経基《つねもと》と名乗ったのです。この点は尚謙の間違いですが、義公は後に引用する『西山随筆』であきらかなように、誤ることなく経基の名を挙げています。

源氏の中では嵯峨源氏が最も古く、嵯峨天皇は八人の皇子女にそれぞれ源の姓を賜って独立させました。中で有名なのは源融《とおる》で、その子孫に羅生門の鬼退治で有名な渡辺綱《わたなべのつな》がおります。

源氏・平氏・藤原氏・橘氏は四姓といって、我が国の主要な氏族であり、多くの家はこの何れかの別れであるとされています。例えば、足利氏や徳川氏も源氏の流れと称しています。源氏《げんじ》は、清和源氏、村上源氏、宇多源氏など、平氏《へいし》は桓武平氏、仁明平氏、文徳平氏など、歴代の天皇の子孫が源や平（たいら）の氏姓を賜って臣籍に下ったものの流れで、最も有力なのは清和源氏と桓武平氏です。橘氏は敏達天皇《びたつてんのう》の五世の孫美努《みぬ》王の妻県犬養三千代《あがたいぬかいのみちよ》が橘宿祢《たちばなのすくね》の姓を与えられ、その子葛城王《かつらぎのおう》と佐為王《さいのおう》が母の氏姓を受けて臣籍に下ったことに始まります。葛城王は有名な橘諸兄《たちばなのもろえ》です。これらを皇別といい、藤原氏のように神様を祖先とする氏族は神別と呼んでいます。（藤原氏は天孫降臨に従ったアメノコヤネノミコトの子孫と伝えています。）また、海外からの帰化人の系統は蛮別といいます。

義公が、八幡社を源氏の氏神として祭ることを批判した文章は『西山随筆』にあります。すこし長くなりますが、義公の合理的な思考もうかがわれるので引用します。

「世に八幡を弓矢神と号し、源氏の氏神なりと云て州県ごとに祠を建て、武士たる者是を崇ぶ、

はなはた謂《いわれ》なきに似たり、それ八幡ハ応神天皇なり、天皇の母神功皇后新羅を征伐し給フ時、天皇母后ノ胎内にいまして、新羅すてに投化せしかハ、功ヲ応神天皇ニ帰して弓矢神とすと見えたり、（中略）それ胎内の児いかなる武をしめし、イカナル功を樹タルや、新羅の征伐を応神に帰スへキいわれなし、また応神成人の後、終《つい》に武功ある事を不聞、何ニよりてか弓矢神と仰かれん、又応神を胎中天皇ト号し、胎内ニいまそかりながら、すでに天皇ノ位ニ即《つき》、新羅を征し玉フト云説、きハめたる僻言なり、胎内ノ児誰カ男女ヲ弁シ、誰カ位ニ即《つけ》タルや、誠ニ笑ニタヘタルコト也、（中略・この中略部分に神功皇后に対する痛烈な批判があります）それ氏神ハ其姓氏のよつて出《いずる》ところを云フ、しからハ源氏の祖神ハ経基王たるべきか、（中略）凡日本ニテ弓矢神と仰かんハ日本武尊なるへし、その勲績功業歴史にのするところ詳かなり、尊の祠ハ尾張の熱田、常陸の吉田、是なり、これ又尊崇スル人なし、なけかしきことにあらすや、」

且　應神天皇者自二宇佐一託宣禦二醜類之覬覦一、爾後置二宇佐使一奉二承神敕一。其功徳可下與二天智天皇討賊撥亂一同奉上レ稱者歟。而源頼信及義家、仰以爲二軍神一、未レ詳二其義一。若論二軍神一、在二古軍師道臣及大將軍日本武尊一耳。凡厥流弊因襲不レ改、蓋以其初尊祖之教、有レ所レ未

（読み下し）

且ツ応神天皇ハ宇佐ヨリ託宣シテ醜類ノ覬覦《きゆ》ヲ禦《ふせ》ギタマヒ、爾後《じご》、宇佐使ヲ置キテ神勅ヲ奉承シタマフ。其ノ功徳、天智天皇ノ賊ヲ討チ乱ヲ撥《おさ》ムルト同ジク称シ奉ルベキモノ歟。シカルニ源頼信及ビ義家、仰ギテ以テ軍神ト為スハ未ダソノ義ヲ詳ラカニセズ。若シ軍神

ㇾ備歟。願　神武天皇神殿、宏麗盡ㇾ美、而亦修二　天智天皇廟一、侔二壮大於　應神天皇宮一、可ㇾ謂二盛徳大業其至者一矣。

ヲ論ゼバ、古ノ軍師道臣《みちのおみ》及ビ大将軍日本武尊《やまとたけるのみこと》ニ在ルノミ。凡ソ厥《そ》の流弊因襲改マラザルハ、蓋《けだ》シ以テ其ノ初メ尊祖ノ教ヘ未ダ備ハラザル所有ルカ。願ハクハ神武天皇ノ神殿、宏麗美ヲ盡クシ、シカウシテ亦天智天皇ノ廟ヲ修シテ、壮大ヲ応神天皇ノ宮ニ侔《ひとし》クセバ、盛徳大業其レ至レル者ト謂フベシ。

（語釈）

神敕＝神の言葉。敕は勅の本字。

厥＝其の古字。其の字が重なるので文字を替えて変化をつけた。

侔＝斉に同じ。等しくする。。

（釈文）

そうはいっても、応神天皇は宇佐八幡の託宣によって、弓削道鏡《ゆげのどうきょう》の野望を挫きましたので、その後朝廷では、宇佐使という役を設けて宇佐神宮の仰せ（＝神勅）を尊重されました。その功績は、天智天皇が蘇我氏を滅ぼして皇室の安泰を図ったことと同等の功績として、褒め讃えられるべきものでありましょう。しかしながら、源頼信および義家が八幡宮を軍神と仰いだことの理由は明らかではありません。若し軍神として仰ぐというならば、昔の軍師である道臣《みちのおみ》と大将軍である日本武尊《やまとたけるのみこと》だけでありましょう。このような過ちや因習が長く伝わって改まらないのは、結局のところその最初に祖先を祭るということの意味を良く知らなかったからではないでしょうか。そこで是非神武天皇の神殿を、壮麗に善美を尽くして立派に造営し、さらに天智天皇をお祭りする神殿も御造りして、八幡宮と同じように壮大なものにするならば、この上ない立派な御事業というべきでありましょう。

〔解説〕

八幡宮は応神天皇と神功皇后をお祀りした神社で全国に在りますが、宇佐の八幡宮は特に奈良時代から鎮護国家の神として厚い崇敬を受けておりました。それは応神天皇が神功皇后の御子様であり、神功皇后によって朝鮮に勢力を伸ばした我が国は、応神天皇と次の仁徳天皇の御代には大きく発展したからです。応神天皇の御代には、王仁によって論語と千字文が伝えられたといい、朝鮮やシナ大陸からも多くの人々が我が国にやってきました。応神天皇と仁徳天皇の御陵が前方後円墳の中でも一際大きいのは、我が国の国力がこの時期飛躍的に増大したことを象徴していると考えてよいと思います。応神天皇と神功皇后は九州の北部宇佐の地に鎮座ましまして、海外に威をしめされたのです。

宇佐八幡の託宣とは応神天皇の神霊の託宣のことです。称徳天皇の神護景雲三年（七六九）、道鏡を天皇にすれば世の中がうまく治まる、という八幡の神託が下ったと奏上する者が現れました。

朝廷ではことの真偽を糺すために、和気清麻呂を勅使として宇佐に派遣しました。清麻呂は、「我が国は開闢以来、君臣の分は定まっている。天位（天皇の位）には必ず皇儲（皇太子）を立てなければならない。いわれなく天位を望むものは速やかに排除せよ」との神勅を受けてこれを復命しました。これによって道鏡の野望は潰《つい》え、皇位の危機は救われました。

「宇佐使《うさづかい》」というのは、天皇の即位の際や国家に変事が生じたときに宇佐八幡に派遣される使いのことで、即位の報告には和気清麻呂の子孫が特に任命されました。

天智天皇の事は蘇我氏を討って大化改新を成し遂げたことを指します。

源頼信・義家は父と子で、前九年・後三年の役で奥州の混乱を治めた武将で、これにより清和源氏は武門の棟梁となったのです。

道臣は、大伴氏の祖とされ、初め日臣といい、神武天皇が八咫烏《やたがらす》の先導で熊野山中を進んだ時、に先頭に立って諸将を指揮して道を切り開いたので、天皇はその功を賞して名を道臣と賜りました。日本武尊は景行天皇の皇子で九州・東国の平定に功績を残されました。

八幡宮を武神として、また源氏の氏神として仰ぐことの道理にかなわないことは、水戸光圀（義公・黄門様）が厳しく指摘していることは前に見ました。

世人知レ拝二 神祖天照大神一、而不レ知レ拝二 帝祖神武天皇一、知レ敬二近世陵墓一、而不レ知レ敬二 先王之山陵一。夫繼絶興廢、聖賢所レ褒、伏望追二尊 太祖一、祭二其可レ祭、追二求諸陵一、修二其可レ修、示二孝於萬世一、知二報本之道一、垂二教於不朽一、致二追遠之誠一。謹言。

（某氏写本『儼塾集』）

（読み下し）

世人、神祖天照大神ヲ拝スルヲ知リテ帝祖神武天皇ヲ拝スルヲ知ラズ、近世ノ陵墓ヲ敬スルヲ知リテ先王ノ山陵ヲ敬スルヲ知ラズ。夫レ継絶興廃ハ聖賢ノ褒《ほ》ムルトコロ、伏シテ望ムラクハ太祖ヲ追尊シテ其ノ祭ルベキヲ祭リ、諸陵ヲ追及シテ其ノ修スベキヲ修シ、孝ヲ万世ニ示シ、報本ノ道ヲ知ラシメ、教ヘヲ不朽ニ垂レ、追遠ノ誠ヲ致サンコトヲ。謹ンデ言《もう》ス。

（釈文）

世の中の人は、さすがに（伊勢に神宮があるので）天照大神を尊崇することは知っておりますが、初代天皇である神武天皇については知らず、近世の天皇のお墓についてはこれを尊重しますが、古い山陵については全く関心を持ちません。一体、絶えたるを継ぎ廃れたるを興すという事業は、優れた聖人や賢者が等しく認めて素晴らしいこととして褒めるところであります。御前にひれ伏して切にお願い申し上げますことは、神武天皇を、しかるべき礼を以てお祭りし、御歴代の御陵を調査してその所在を確認して、修繕を必要とするものは修繕を加え、そうすることを通じて祖先への孝行の姿を末永く世に明らかにし、本に報いるということの実際の在り方を示して教訓を後世に垂れると共に、自らの誠を祖先に示すことであります。以上、謹んで申し上げます。

（解説）

太祖は初代の帝王を指します。「追尊」という言葉は、辞書によると、「子たる人の身分に応じて、亡父及び亡祖の身分を後から追い貴ぶことをいう。天子の追尊の礼には二つある。一は追王であり二は太上皇を称することである」とあります。但し、神武天皇の場合にはこの二つの礼は当てはまりませんから「然るべき礼を以てお祭りし」と訳しておきました。

「継絶興廃」―絶エタルヲ継ギ廃レタルヲ興ス―という言葉は、「中庸」や「論語」には政治の要諦として述べられており、熟語としては班固（後漢の歴史家）の「西都賦序」に出ているようですが、義公（光圀）の生涯の目標であり、また実際の事業を支えた理念でもありました。この言葉は、早く慶安三年（義公二十三歳）、尾張の敬公（義直）が薨去されたときに光圀が作った誄《るい》（しのびごと＝弔辞）に既に敬公を讃えて、**「更考朝儀、善讀國史、興廃繼絶、張皇道弛」**（更《ま》タ朝儀ヲ考へ、善ク国史ヲ読ミ、廃レタルヲ興シ絶エタルヲ継ギ、皇道ノ弛ミヲ張リ）と述べていることは、義公の関心が其処に在ったことを示しています。『玄桐筆記』にも、

「凡《およそ》御志を継絶興廃に置き給ひしかば」とあり、また、「常に仰られけるハ、堂上方（公家貴族）の習にて珍書をハ不レ出二門外一、是以《これをもって》あるひハ蠹損《とそん》（虫くい）、あるひハ火燬《かき》して烏有《うゆう》となり、上代の遺事、古賢の懿蹟《いせき》とも後世に伝はらざる事皆是故《このゆえ》也。我志は継往開来に在り、つとめて

布拡《しきひろむ》へし」（『水戸義公傳記逸話集』）と云われたとありますが、（懿績はすぐれた立派な手柄という意味、懿蹟の蹟の字は績の誤植でしょう）早くから、おそらくは十八歳立志の時からの念願であり、また課題でもあったと思われます。「継絶興廃」と「継往開来」とは同じ志を示していて、非常に深い意味を持っています。前の八幡宮のことといい、この「継絶興廃」といい、森尚謙がよく義公の意図するところを汲んで作文していることが分かります。

幕府による皇陵の補修は、元禄と享保年間に実施されていますが、それらは、所在・位置を推定して周囲に竹垣を結い廻すというものであり、水戸藩の意図のような、社殿や石垣などによって恒久保存を図るものではありませんでした。

さてこの上表は提出されることなく終わりましたが、水戸藩に於いては、皇陵の所在の確定と修復とは一つの大きな課題でありました。この問題を再び正面から取り上げて幕府に対して建言したのは、水戸藩九代の藩主斉昭（烈公）でありました。斉昭は藤田東湖の献策を容れて、直接朝廷に申し上げるのではなく、幕府から朝廷に申し出るように老中に働き掛けますが、数次にわたる建白も認められることはありませんでした。しかし、水戸藩としては、修陵が実現するときに備えて古制を研究し、桑原信毅や川瀬教徳などに神武天皇陵の実地踏査をさせ、また石垣などの造作の為に石材一千本余を用意するなど、幕府が実行しなくても許可が下りれば水戸藩で実施出来る準備を進めましたが、藩情の変化もあり実現しませんでした。しかし、やがて、文久から慶応年間にかけて、今度は幕府の許可を受けた宇都宮藩の事業として修陵の事業がようやく実施されるようになるのです。詳しくは、阿部邦男博士の『蒲生君平の「山陵志」撰述の意義』を参照してください。神武天皇の御宮（橿原神宮）と天智天皇の御宮（近江神宮）が創祀されるのは明治をまたなければなりませんでした。寛政になっても、神武天皇の御陵の状況はまことに痛ましく荒れ果てていたことは、柴野栗山（一七三六～一八〇七）が

遺陵、わずかに路人に問ひて求む、

半死の孤松、半畝の丘、……（半坪ばかりの土地に死にかけた松が一本立っているだけだ）

と詠んでいることでも分かります。

神武天皇の御陵を荘厳するということは、皇室において追遠の誠を表すばかりでなく、この事業の実現には国民に広く報本の道のありようを示して教化するという目的がある、ということに注目すべきです。

朝廷の行われることは民の手本であり、それを支えてゆくことが幕府の勤めであるという、いわゆる尊王敬幕の義公の信念がこの上表には明らかにされていて、それが水戸藩代々に受け継がれてゆき、後期水戸学へとつながるのです。

一体、光圀（義公）の志は湊川の「嗚呼忠臣楠子之墓」に残されて、世人のよく知る所となっていますが、この上表もまた、あまり知られていないものの、まさに国体の根本にかかわる問題に対する提言であり、これもまた継絶興廃の熱き想いから発したものと言えましょう。

ちなみに、本文とは関わりありませんが、森尚謙の詩を一つ紹介しておきましょう。

過西山後路　　壬午歳　西山是義公之山荘也

依旧松交翠　叢深山更幽　鹿馴無客伴　鵑叫有人愁

洞口留風韻　渓頭想雅遊　桃源橋畔路　悲涙濺清流

（西山後路ヲ過グ　壬午ノ歳　西山ハコレ義公ノ山荘ナリ
旧ニ依リテ松ハ翠《みどり》ヲ交ヘ　叢《くさむら》深ク山更ニ幽ナリ　鹿ハ馴レテ客ノ伴フ無ク　鵑《ほととぎす》叫ンデ人ニ愁有リ　洞口ハ風韻ヲ留メ　渓頭ニ雅遊ヲ想フ　桃源橋畔ノ路　悲涙清流ニ濺《そそ》グ）

壬午は元禄十五年、義公の三回忌の年に当たりますが、杜鵑は夏鳥なので、三回忌に当ってとは必ずしも言えません。たまたま西山の山荘の後ろの道を通ることがあって、感慨を催したのでありましょう。桃源橋というのは、西山の山荘の入り口近くに架けられた橋で、道傍にたくさんの桃樹を植えてありました。義公と尚謙、両者の関係が、君臣の枠を超えた、心の交わりであったことを思わせる、静かな悲しみがにじみ出て来る詩であると思います。

大日本史敍
――わが国の姿――
大井貞広（松隣）

（筆者略伝）

大日本史の叙は三代藩主綱條の名になっていますが、他の公的な文章と同じく、史館の学者達の推敲を経たものであり、個人の文章ではありません。しかし、この文章の土台を作った大井松隣《しょうりん》の文章があまりにも素晴らしかったので、作文の功は大井松隣に帰せられた、古来有名な一文です。

さらに、この一文は、文章として卓越しているばかりでなく、当然のことながら、短い中でよく『大日本史』の本質を説破している一文でもあります。

大井松隣は、名は貞広、字は彦輔、通称介左衛門、号を南塘《なんとう》また松隣といいました。京都の人で、伊藤仁斎の門に学び、元禄九年、大串雪蘭《せつらん》の推薦で史館に採用され、やがて総裁となりました。古学を学んだために学問の系統が異なることを理由に史館への採用を問題視する者もありましたが、義公が、才能こそ大切であって、学派の異同は問題ではない、といって採用したと伝えています。食禄二百五十石。享保十八年五十八歳で歿しました。『水戸の文籍』には「松隣遺稿」一冊ありと伝えていますが今見ることは出来ません。

『修史始末』（藤田幽谷の著述）は次のような伝説を伝えています。その人となりは軒昂磊落《けんこうらいらく》であって、撃剣や槍術ばかり好んで、その読書する姿をほとんど見ることが無かった。他人がこれを非難すると昂然《こうぜん》として、論語や孟子で戦が出来るか、という。それで、序文代作の命が下った時、みなその出来栄えを心配した。ところが、その「先人十八歳云々」の書き出しを見て、人々驚異嘆服しない者はなかった、と。

大日本史敍

先人十八歳、讀ニ伯夷傳一、蹶然有レ慕ニ其高義一、撫レ巻歎曰、不レ有ニ載籍一虞夏之文不レ可ニ得而見一、不レ由ニ史筆一何以俾ニ後人有レ所ニ觀感一。於レ是乎慨焉立ニ修史之志一。上根ニ據實録一下採ニ摭私史一、旁搜ニ名山逸典一博索ニ百家之祕記一、綴輯數十年勒成ニ一書一。

（読み下し）

大日本史ノ叙

先人十八歳、伯夷伝ヲ読ミ、蹶然《けつぜん》トシテ其ノ高義ヲ慕フアリ、巻ヲ撫《ぶ》シテ歎ジテ曰ク、載籍《さいせき》アラズンバ虞夏《ぐか》ノ文、得テ見ルベカラズ、史筆ニ由ラズンバ、何ヲ以テカ後人ヲシテ観感スルトコロアラ俾《し》メンヤト。是《ここ》ニ於テカ慨焉《がいえん》トシテ修史ノ志ヲ立ツ。上《かみ》ハ実録ニ根拠シ、下《しも》ハ私史を採摭《さいせき》シ、旁《かたわ》ラ名山ノ逸典ヲ捜《さぐ》リ、博ク百家ノ秘記ヲ索《もと》メ、綴輯《てっしゅう》数十年、勒《ろく》シテ一書ヲ成ス。

〔語釈〕

敍（叙）＝叙は敍の俗字。はしがき。

先人＝死んだ父親を指す言葉、ここでは綱條の父である光圀を指す。

伯夷伝（傳）＝史記の列伝第一。伯夷と叔斉の伝。

蹶然＝勢いよく立ち上がること。また、急に跳ね起きる様子（文末の解説参照）。

高義＝高くすぐれた徳行。

撫巻＝撫には、なでる（摩）・手を当てる（按）、もつ（持）などの幅広い意味がある。いま、按の意味に解釈した。

歎＝精神上の大きな刺激に耐えることを意味する語。

載籍＝書物
虞夏之文＝太古のシナの事を記した文献をいう。虞は舜が堯からゆずられて帝位に在った間をいい、夏は禹が建てた王朝の名称。


俾＝使に同じ。

慨焉＝慨焉大息というと深く憂え悲しむ様子をさすが、慨は、いきどおる、心あがる意であり、ここでは必ずやり遂げるという強い意志を示している語と考えたい。

実録＝朝廷の編纂した記録。所謂六国史をいう。

私史＝私選の歴史書。所謂四鏡や吾妻鑑などをいう。

採摭＝ひろいあつめる。

名山ノ逸典＝昔は貴重な書物は、その亡失を恐れて石の箱に収めて名山に蔵したという故事を踏まえた表現。

百家ノ秘記＝百家は多くの家のことで、諸子百家の百家ではない。例えば公家の家の秘蔵する日記などをいう。

綴輯数十年＝綴集に同じ。明暦三年の編纂開始から正徳五年まで五十八年。

勒＝ととのえる。

（釈文）

大日本史のはじめに

私の父（＝義公）は、十八歳のときに史記の伯夷伝を読んで、その透徹した見事な生きざまが心から慕わしく感じられ、震えるような心からの感動を覚えて発奮し、そして、史記のその箇所に手を添えて、突き上げて来る感動をこらえながら申しました。書物というものが無ければ古い時代の事を知ることは出来ない、記録があるから古いことを知ることが出来る。同様にそれらの事実を正しく叙述した歴史によってのみ、初めて人は、目に見、心に感動することが出来るのだ、と。そこで初めて強い決意を以て歴史の編纂に生涯を賭ける決心をしました。そして、古い時代は日本書紀や続日本紀などの実録に基づき、中世時代は鏡物や吾妻鑑などの私的な編纂物をも広く採り集め、一方では、昔、亡失を恐れて名山に収蔵されたといわれるような貴重な書物を捜索し、また多くの名家の秘蔵する家伝の秘籍の閲覧を乞うなど、種々工夫苦心して史料を集め、それらをつなぎ合わせて編集すること数十年、体裁を整えまして漸く一つの書物が出来上がりました。

（解説）

まず、義公が史書の編纂を生涯の目標としたその発端と、歴史に何を見出したか、また其の後の編纂の苦心を概観します。

義公が十八歳の頃に修史の志を立てたことは、義公自筆の遣迎院《けんこういん》応空宛書簡に依って明かですが、実際に編纂事業を開始したのは明暦三年（一六五七）、その三十歳の時でありました。その契機は前年の明暦の大火に在るといわれます。この大火は江戸を焼野原にし、多くの貴重な書籍・文化財を灰燼に帰しました。林羅山はその書庫が全焼した衝撃で間もなく死亡したと伝えられています。いまの吹上御苑の地に在った水戸家も焼け出され、神田に移り仮御殿を立てて、しばらくそこに住まいしますが、その折に建てられた建物の一つに「史館」が設置されるのです（拙著『水戸光圀の遺獻』（東京錦正社刊）所収光圀夫人泰姫参照）。

また、義公と「伯夷伝」との関係については、拙著『水戸光圀の遺獻』所収「序にかへて」の中で詳しく論じているのでここでは割愛します。

蓋自二人皇肇レ基二千餘年、神裔相承、列聖纉レ統、姦賊未三嘗生二覬覦之心一、神器所レ在與二日月一竝照、猗歟盛哉。究二其所レ原、寔由下祖宗仁澤固二結民心一、磐中石邦基上也。其明良際會都兪吁咈之美、考二諸舊記一可二以概見一。迨二乎中葉一、英主迭興、持レ盈守レ成、嘉謨徽猷莫レ愧二于古一。而文献不レ備明辟賢輔之迹、多二堙晦不レ章者、豈不二重可レ惜乎。此斯書之所二以作一也。

（読み下し）

蓋し、人皇基《もとい》ヲ肇《はじめ》メシヨリ二千余年、神裔相《しんえいあい》承《う》ケ、列聖統《れっせいとう》ヲ纉《つ》ギ、姦賊未ダ嘗テ覬覦《きゆ》ノ心ヲ生ゼズ、神器ノ在ル所、日月ト並ビ照ラス、猗歟《ああ》盛ンナルカナ。其ノ原《もと》ヅク所ヲ究《きわ》ムルニ、寔《まこと》ニ祖宗ノ仁沢、民心ヲ固結シテ邦基《ほうき》ヲ盤石ニシタマフニ由ルナリ。其ノ明良際会シテ都《と》兪吁咈《ゆくふつ》スルノ美ハコレヲ旧記ニ考ヘテ概見スベシ。中葉ニ迨《およ》ビテハ、英主迭《たがい》ニ興リ、盈《えい》ヲ持シ成ヲ守リ、嘉謨徽猷《かぼきゆう》古ニ愧《は》ズルナシ。

（語釈）

蓋＝推量をあらわす辞、また発語の辞。

人皇＝神々の後を受けて人の身で皇位を継いだ天皇、すなわち神武天皇。

肇＝物事の開け始めるそのはじめをいう。肇国というと、国の始まり、はじめ。

神裔＝御歴代天皇は天照大神の御子孫であるから神の裔といった。

纘＝つぐ。紹に同じ。家をつぎ、徳をつぎ、業をつぐ場合に限り用いる文字。

覬覦＝望んではならないことをうかがい望むこと。上に対して分外の望みを抱くこと。

神器＝八咫鏡《やたのかがみ》、八尺瓊勾玉《やさかにのまがたま》、草薙剣《くさなぎのつるぎ》・天叢雲剣《あめのむらくものつるぎ》の三種の神器。

猗歟＝ああという嘆美の声。音はイヨ。

シカルニ、文献備ハラズ、明辟賢輔《めいへきけんぽ》ノ迹《あと》、堙晦《いんかい》シテ章《あきらか》ナラザルモノ多キハ、豈重ネテ惜シムベカラザランヤ。此レ斯《こ》ノ書ノ作ル所以ナリ。

寔＝満ちて欠けるところのない様子を表す、確かに、というつよい肯定を表す語。

祖宗＝皇祖皇宗

仁沢（澤）＝恵み

明良際会＝賢明な君主と忠良な臣下が同じ時に出会うこと。

都兪吁咈＝都は嗚呼と同じで嘆美の辞、兪は肯定の辞。吁咈は否定の辞。書経に出典があり、君臣が隔意なく議論するということ。

中葉＝ここでは平安時代中期を指す。

迨＝及に同じ。後から追いつく気持ちを表す。

迭＝かわるがわる。

盈＝満ちる、みちあふれる意。

成＝出来上がったもの。

嘉謨徽猷＝嘉謨も徽猷も共に立派な謀のこと。

明辟賢輔＝明辟は名君、賢輔は優れた補佐の臣。
堙晦＝堙はうずもれる、滅びる意、晦は明の反対、まっくらやみ。

章＝著と同じ。明らかに外に見える状態をさす言葉。

（釈文）

さて想い見れば、神武天皇が我が国の根本を御定めになってからここに二千余年、神の血筋である御子孫が相続いで皇位を継承し、御歴代はその御徳とその御事業を継がれまして、よこしまな悪者でさえも一度も敢えて皇位を奪い取ろうなどという心を起こすことなく、三種の神器は皇位の象徴として、とこしなえに日月と並んで輝いております。なんと見事で盛んなことでありましょうか。その原因をよくよく考えてみますに、それは確かに、皇祖皇宗の御恵みの御心によって国民の心が固く結びあい、国の基礎を盤石にしているからであるといえます。実際、賢明な君主と忠良で優れた臣下達が時を同じくして出会い、互いに隔意なく諮問献替するうるわしい姿は、古い記録を見ればおおよそは分かります。時代が下って来ても、優れた天子が相次いで立たれ、それまでの素晴らしい成果をよく受け継ぎ守って失わず、その立派な御事績は決して古い時代に劣るものではありません。しかし、それらを伝えるべき文献が乏しく、名君や優れた補佐の臣達の努力の迹も、埋もれてしまって明瞭にしえないことが多いのは、重ね重ね残念というほかはありません。実は、このことがこの書、すなわち「大日本史」を編纂する理由なのです。

【解説】

ここでは「大日本史」編纂の目的を明らかにします。すなわち、我が国の歴史の盛んなる姿をその原因に遡って明かにすると同時に、古代正史の存在している時代はともかくも、中葉（いわゆる中世ではない）以降の史実の混乱を正そうということ、すなわち、「明辟賢輔ノ迹、多ク堙晦シテ章ナラザルモノ多キハ、豈重ネテ惜シムベカラザランヤ」というところに主眼があるということです。このことはまさに、義公がその生涯の目標とした「興廃継絶」（廃レタルヲ興シ、絶ヘタルヲ継グ）の志願に他なりません。つまり、有名な全国規模の史料調査も、そのための一つの必要な仕事であったのです。

　また、「中葉ニ迨ビ」とありますが、この中葉は、現在の中世という概念ではありません。寛文十二年（一六七二）に記された「開彰考館記」（田中　犀の作文）に**「本邦自二上古一及二中葉一猶有二正史実録一、而昌泰《しょうたい》已後寥々無レ聞、可二以憾一焉、我相公嘗嘆レ之……」**（本邦ハ上古ヨリ中葉ニ及ブモ猶正史実録有リ、シカレドモ昌泰已後ハ寥々トシテ聞クコト無シ。以テ憾ミトスベシ。我ガ相公嘗テコレヲ嘆キ、……）とあります。叙の文もこれを踏まえていると思われますが、昌泰というのは醍醐天皇の年号で八九八年から九〇一年のあしかけ四年間ですから、平安中期、現代では古代に分類されます。

綱條在二膝下一毎聞二其言一曰、史者所二以記一レ事也、據レ事直書勧懲自見焉。自二上世一迄レ今、風俗醇澆　政理隆替、炤

【読み下し】

綱條《つなえだ》膝下《しっか》ニ在リテ毎《つね》ニ其ノ言ヲ聞クニ曰ク、

炤然如レ觀二諸掌一、善可二以爲一レ法惡可二以爲一レ誡。而使二亂賊之徒知一レ所レ懼、將下以裨二益世教一維中持綱常上。文不レ可レ不レ直、事不レ可レ不レ核、如有レ所二出入左右一則豈可レ謂二之信史一乎。如二是書一、則惟務二其實一不レ求二其華一、寧失二於繁一莫レ過二於簡一。至二其刪裁一姑有レ俟二乎大手筆一。

史ハ事ヲ記スル所以ナリ、事ニ拠《よ》リテ直書スレバ勧懲自《おのずか》ラ見《あらわ》ル。上世ヨリ今ニイタル迄、風俗ノ醇澆《じゅんぎょう》政理ノ隆替《りゅうたい》、炤々然《しょうしょうぜん》トシテコレヲ掌《たなごころ》ニ観《み》ルガ如クシ、善ハ以テ法ト為スベク、悪ハ以テ戒《いましめ》トナスベシ。シカウシテ乱賊ノ徒ヲシテ懼《おそ》ルルトコロヲ知ラシメ、将《まさ》ニ以テ世教ニ裨益《ひえき》シ綱常《こうじょう》ヲ維持セントス。文ハ直ナラザルベカラズ、事ハ核ナラザルベカラズ、如《も》シ、出入左右スルトコロ有ラバ則チ豈《あに》信史ト謂フベケンヤ。是ノ書ノ如キハ、則チ惟《た》ダ其ノ実ヲ務メテ其ノ華ヲ求メズ、寧ロ繁ニ失スルヨリハ簡ニ過グル莫《な》シ。其ノ刪裁《さんさい》ニ至リテハ姑《しば》ク大手筆ニ俟《ま》ツ有ラン、ト。

（語釈）

膝下＝父母の膝もと。

醇澆＝醇は手あつい、純粋な、など。澆は次第に薄くなる意で醇の反対。

政理＝政治のすじみち。また、政治。

隆替＝隆は盛んな、替は次第にかわり衰える。

炤々＝明らかな様子。

懼＝恐れて戒める気持ち。恐れてしりごみさせる。

刪裁＝けずりたつ。余計なものをけずり、改める。

姑＝「且」に近い。何時の事かはわからない意味を込めた辞。

核＝果実などの種であるが、確かな実態を持つ核心、確実の意味であろう。

如＝若に通じる。未定之辞などともいわれ、「仮にあったならば」の意味に用いる。

大手筆＝卓越した識見と文章の才を持つ人物。

俟＝いそがずに、物が自然とそこへ来るまでまつという意味。

（釈文）

私（綱條）は義公の側近くに居りましたので、いつも言い聞かされていたことは次のようなことでした。「歴史書というものは事実を記載するものである。根拠を明らかにして正確にそのまま記載すれば、物事の是非善悪は自然と明らかになるものである。つまり、史書は、昔から今に至る迄の風俗の良し悪しや政治の筋道の盛衰などを、掌に載せて見るようにはっきりと記載する。そうすれば、良いことうまくいったことはこれを手本とし、悪いこと失敗したことは反省材料とすることが出来よう。そうすることで、秩序を乱そうとするような輩が恐れてしり込みするようにし、世の風教を善導して社会の秩序を維持しようとするのである。そのためには、文章は率直でなければならず、示される事実は厳しく調べて動かすことが出来ないものでなければならない。若しも手加減を加えたり事実を曲げたりすることがあれば、それは真実の歴史書ということは出来ない。この『大日本史』は、ただ事実を淡々と記すのみであるから、美しい文章というわけにはいかないし、また、少しくどいくらいに書いてあるが、それは簡潔過ぎて理解が届かないことが無いようにするためである。この書物の文章を取捨選択して立派な歴史書として完成させることは、何時の事になるかは分からないが、後の時代の卓越した人物にお任せするのがよい」と。

（解説）

この部分は、綱條が直接光圀から言い聞かされたという内容、即ち義公の主旨を述べたところで、注目すべきところでありますが、「如二是書一、則惟務二其實一不レ求二其華一、寧失二於繁一莫レ過二於簡一、至二其刪裁一姑有レ俟二乎大手筆一」という部分は安積澹泊が元禄九年六月に「重修紀伝義例」の後に記した一文を踏まえております。それには、修史の事業の困難な理由を三カ條挙げた上で、しかしその困難にも拘わらず、なんとか修史の事業を誤りなく続けて行くための手段として二つの要点がある、として、**「寧繁勿レ失二於簡一、寧質勿レ過二於文一、広蒐旁羅、以待二良史之筆削一」**（ムシロ繁ナルモ簡ニ失スルコトナク、ムシロ質ナルモ文ニ過グルコトナク、広ク蒐《あつ》メ旁《あまね》ク羅《あみ》シ、以テ良史ノ筆削《ひっさく》ヲ待ツ）と述べ、これは西山公（義公）の素晴らしいところでまさに不世出の優れた見識なのである、と述べています。

この「書重修紀伝義例後」の一文は義公もこれを読んで大いに嘆賞したと伝えていますから、「大日本史」の編集方針を端的に表した言葉として承認されてよいでしょう。澹泊はその晩年に、これを「検閲議」にも述べ、「謝平玄中書」のなかでも述べておりますから、余程得意の一文なのでしょう。

書未レ及レ成先人即レ世。綱條雖二無似一服膺遺囑一罔二敢失墜一、閲二十數年一校訂略完。自二　神武一至二　後小松一歴世一百、立爲二本紀七十三一、列傳一百七十、都百四十三巻、名曰二大日本史一。非三敢謂二　昭代之成典一、乃備二後來修史者之採擇一爾。若夫時運開塞行事得失、可二以爲レ勸可二以爲レ戒者、悉據レ事直書不二敢有一レ所二出入左右一、亦所三以遵二奉先人之意一也。

正徳五年乙未十一月

權中納言從三位　源　綱條謹序

（『水戸学精髄』）

（読み下し）

書ノ未ダ成ルニ及バズシテ先人世ニ即《つ》ク。綱條無似《ぶじ》トイヘドモ遺囑《いしょく》ヲ服膺《ふくよう》シテ敢テ失墜スル罔《な》ク、十数年ヲ閲《けみ》シテ校訂略《ほぼ》完《まった》シ。神武ヨリ後小松ニ至ル歴世一百、立テテ本紀七十三ト為シ、列伝ハ一百七十、都《すべ》テ二百四十三巻、名ツケテ大日本史と曰フ。敢テ昭代ノ成典ト謂《い》フニアラズ、乃《すなわ》チ後来修史者ノ採択ニ備フルノミ。若シ夫レ時運ノ開塞行事ノ得失ノ、以テ勧ト為スベク以テ戒ト為スベキモノハ、悉ク事ニ拠《よ》リテ直書シ、敢テ出入左右スル所アラザルハ、亦《また》先人ノ意ヲ遵奉《じゅんぽう》スル所以《ゆえん》ナリ。

正徳五年乙未十一月

権中納言従三位　源　綱條

謹ミテ序ス

〈語釈〉

世ニ即ク＝人が死ぬこと。即は終わりの意。

無似＝賢人に似ていない、また、父親に似ていない意。自分を謙遜していう言葉。不肖。

服膺＝心にとどめ忘れない。よく守る。

罔＝音はボウ・モウ。亡・無に同じ。

閲＝経過する。正徳五年は義公薨去後十五年。

昭代ノ成典＝昭代はよく治まっている御代、また、当代を頌する辞。成典は定まった法典、定まった規則。つまり、素晴らしく治まった時代を代表するような優れた書物。

遵奉＝遵守に同じ。従いまもる。忠実によりそい守る。

〈釈文〉

本書が未だ完成しないうちに父は無くなりました。私（綱條）は不肖の息子ではありますが、父の遺志を心にとどめ忘れず、それより十数年かかりまして何とか無事に校訂の作業を終えることが出来ました。

神武天皇から後小松天皇まで歴世百代を本紀七十三巻に分かちました。列伝は百七十巻で、併せて二百四十三巻となり、これを『大日本史』と名付けました。現代に於ける決定版であるなどと、大それたことを申すのではありません。ただこれが後世に歴史を編纂しようとする人の役に立つようにとの願いからまとめただけのものであります。ただ、ご覧になって政務の上にお役に立ちそうなことについても、それらは事実のみを記して、敢えて、加減したり誇張したりなどはしておりませんのは、これもまた父（光圀）の考えを大切に守ったからであります。

正徳五年十一月　権中納言従三位源の綱條、謹んで申し上げます。

（解説）

本文の中に「名曰大日本史」とありますが、始めこの一句は、第一段目の末尾「勒成一書」の次に在ったのですが、藤田幽谷の意見でここに移したといわれています。実は、「大日本史」の題号は、朝廷に申請して許可を得ようという考えもあったのですが、事情が許さず、この正徳五年に粛公によって命名されたのです。これについては、私選の書に国号を用いることについて藤田幽谷等に議論があり、当時史館でも問題にされたところでありましたが、やがて文化六年に藩から関白に上申して勅許を得、ようやく『大日本史』の名称が確定するのです。

以上が一通りの解釈でありますが、更にいくつかの点について解説します。

第一は、「蹶然《けつぜん》」という言葉についてです。

「蹶然トシテ其ノ高義ヲ慕フアリ」とありますが、「蹶」という文字は、「けつまずく」という意味と「跳び上がる」という意味があります。つまり、何かにつっかかって、ハッとしてとっさに動きが変わる状態を意味しますが、「蹶然」という熟語になりますと、当時の学者達ならば、直ちに「礼記」の孔子間居篇を思い出すことでしょう。

孔子間居篇は、子夏が孔子に対して君子の徳ということを中心に、疑問に思う所を徹底して質問し、孔子が詳しく答えるという内容で、最後に、「子夏蹶然トシテ起《た》チ、牆《しょう》ヲ負《お》ヒテ立チテ曰ク、弟子敢テ承《う》ケザランヤ」とあります。つまり、かねての疑問が氷解して、嬉しさの余りにすっくと立ちあがった様子を述べている言葉です。この一語を此処に用いることによって、義公が数年にわたる煩悶を超克して、人として立つべき明確にして絶対的なる基準を感得し、非常な感激とともに新たなる使命に目覚めたことがよくわかるのです。この文字を見た当時の学者は、礼記のこの章に思いを致し、義公の心情に強く心を動かされたことでしょう。

平泉澄博士は、

「伯夷伝を読んでの感激は、……即ち是れ義公の心中に於ける重大なる価値の顚倒、いはば天地の傾覆であつて、背骨はここに初めて毅然として立ち、魂は再誕の喜を味つたのである。従前と、今後と、世界はその様相を一変したのである。それは禅のいはゆる頓悟の如きものであつたらう。大日本史の叙に、「蹶然」といひ、「慨焉《がいえん》」といふは、実に此の驚くべき心境の変化を形容するものに相違ない」（「大日本史概説」）

と述べておられます。

義公は後に、小石川後楽園の中に「得仁堂」を建てて伯夷叔斉の像を祀りました。この堂は今も残っています。堂の名前の由来は『論語』で、孔子が冉有《ぜんゆう》の問いに答えて、伯夷叔斉は「求ㇾ仁而得ㇾ仁、亦何怨」（仁ヲ求メテ仁ヲ得タリ、亦何ヲカ怨マント）と述べた一句から採ったものです。義公の伯夷・叔斉に対する感謝、ひいては歴史に対する深き感慨は、何とも言いようのないものであります。

第二は、

「蓋自二 人皇肇一 基二千餘年、 神裔相承 列聖纉レ統、姦賊未三嘗生二覬覦之心一、神器所レ在與二日月一竝照、猗歟盛哉。究二其所レ原、寔由下祖宗仁澤固二結民心一磐中石邦基上也。」

この大日本史叙の原案を作ったのは、当時の彰考館総裁の一人である大井松隣という人物です。作文の命令が松隣に下った時、松隣は、紀伝体という本邦初のスタイルと「日本ノ成リ立候所」との二点を特に記して、最初の草稿としたのですが、江戸史館の批判に会い、これを一擲して、改めて筆を執って出来上がったのがこの現在に残る「叙」なのです。

当時松隣は水戸の史館に居りました。水戸史館が分属したのは、平安時代以前の部分でしたので、松隣は編集・校訂作業の為に「大日本史」の神武天皇から平安末期までの本紀・列伝を三度読み返したといいます。その結果大日本史の特色を、前に述べた二点に絞って記述しようとしたのですが、結局、松隣の初校はひっこめられ、改めて筆を執ったのが「先人十八歳」で始まるこの文章で、これを見た諸先輩は驚異嘆服しない者は無かったと伝えています。藤田幽谷は、「起コシ得テ凛然、気ハ風霜ヲ挟ミ、質ニシテ陋ナラズ、簡ニシテ能ク尽クス」（原漢文『修史始末』）と評していますが、まさに水戸文学を代表する一文であると言ってよく、確かに史館総裁達の合議を経たものではありますが、作文の功は松隣に譲ってよいと言われています。

それはともかく、「蓋」から、「由下 祖宗仁澤固二結民心一磐中石邦基上也」までの一文は、松隣が「拠事直書」されている『大日本史』を熟読して得た結論なのであります。初稿についての江戸史館への反論の中で松隣は、

「拙者儀、近年本紀校正ニかかり、前後三遍致二検閲一候、依レ之国史之文は不案内ニ御座候へ共、本紀ニ付而、日本ノ成り立様ハ少々相見へ候様ニ御座候付、其心持ヲ書申候ニ而御座候」

と述べ、（国史というのは、六国史を指すと思います）、次いで、神武・崇神・仁賢・仁徳・孝徳・天智の六天皇の事跡を特に取り上げたのは、

「畢竟上ノ六朝ニ而日本之成り立申候と存付、其意得《こころえ》ニ而掲《かかげ》申し候而、二千余年宝祚延長なるハ祖宗ノ仁沢と結《むすび》申候心ニ而御座候」

と書き送っているのです（詳しくは拙著『水戸光圀の遺猷』（錦正社刊）所収、大井松隣と「大日本史」序参照）。

「蓋」から、「由下祖宗仁澤固二結民心一磐中石邦基上也」までの一文を読むとき、現代のわれわれは、直ちに明治天皇の発布せられた「教育に関する勅語」を想起するでしょう。すなわち、「朕惟フニ、我ガ皇祖皇宗、国ヲ肇ムルコト宏遠ニ徳ヲ樹ツルコト深厚ナリ、我ガ臣民、克ク忠ニ克ク孝ニ、億兆心ヲ一ニシテ代々厥《そ》ノ美ヲ濟《な》セルハ、コレ我ガ国体ノ精華ニシテ」というところです。松隣と教育勅語と、三百年を隔てて同じことが言われているのは、それが真実だからです。教育勅語を批判する人々は、「天皇中心の国体思想を教育の根本に据えた事」を批判しますが、素直な目で見れば、天皇を中心として一致団結して文化を築き国家を護り育てて来た歴史こそが我が歴史の真実であり、天皇中心の国体こそが世界に誇る我が国体であることは自明の理なのです。

天祖の神勅によって始まったとされる我が建国神話は、我が国が何らかの勢力によって征服されて出来た国ではないことを暗示しております。その最大の証拠は、皇室に姓が無いことです。姓が無いということは、当初から、それだけ他の氏族から卓越している存在であって、その家が姓を必要としない特別な存在として、すべての部族から承認されていたからでありましょう。

水戸の藤田東湖が、我が国の尊き所以は、「一に皇統連綿たる**天然の帝国**にして、人造に出た

るにあらざればなり」と言われたと、海江田信義が伝えております（『維新前後実歴史伝』）。このことを書き残しておいてくれた海江田には感謝しなければなりませんが、まさに素直な天然自然の摂理のなかに我が国の誕生を認識し祝福した先人の思いを、的確に表現した言葉であると思います。時代は東湖よりも前の人ですが、遊佐木齋《ゆさぼくさい》が室鳩巣《むろきゅうそう》の、「物、始あれば必ず終あり。これ天地の常理なり」との批判に応えて、「我が王（天皇を指す）や盛衰ありて未だ興亡あらず。興らず、何の滅ぶることかこれあらん。天地と共に主たり。開闢と共に君たり。天地に主として万物に君たる者は、其の創業垂統を言ふべからず。」と喝破したこと（平泉澄『萬物流転』）は千古の断案、藤田東湖と軌を一にしてます。

このような判断が、どのような学問によって、どのような精神によって、醸成されたものであるか、ということを考えていただきたい。

平成二十八年六月八日の産経新聞のオピニオン「正論」で、都留文科大学教授新保祐司氏は、交声曲（カンタータ）「海道東征」（これは信時潔作曲・北原白秋作詞のカンタータで、神武天皇東征を主題とした壮大な音楽だそうであります。戦後七〇年を期して封印が解かれ、大きな反響を呼んでいるとのことです）の反響に触れながら、古代からの伝承を、単なる伝承として切り捨てることなく、「日本人は、遥かな歴史を精神の芯として深く記憶しなくてはならない。その記憶が重石《おもし》となるとき、精神的な意味で〝祖国に向かって歩き出す〟ことであろう」と述べておられます。この「祖国に向かって歩き出す」というのは、イスラエル建国に際してのある事実に基づくのでありますが、『大日本史』は、実に「日本人の精神の芯」を明瞭にした書物なのであり、「大日本史叙」はそれを明快に表明しているのです。

ある事実とは、山本七平氏の『日本人とユダヤ人』という書物の中の「イエーメンのユダヤ人の物語」というエピソードです。新保氏によれば、「彼らは、その地に移ってから二千年くらいの間、外部の文明社会から隔絶されていた。それが、風の便りに、神はその約束を果たされ、パレスチナの地に自分たちの国が建てられたと聞いた。その瞬間、四万三千人のユダヤ人が、全てを捨てて、岩山を越え、砂漠を過ぎ、祖国に向かって歩き出したという。イスラエル政府は驚いて、輸送機をチャーターしたが、彼らは飛行場まで来たとき、大きな輸送機を見ても少しも驚かず、当然のようにそれに乗込んだので、迎えに来た者の方が驚いた。それを質すと彼らは平然と答えた。「聖書に記されているでしょう、風の翼に乗って約束の地に帰る」と。山本氏は、こういう物語は目の前で見ているから否定できないが、これが聖書や古文書に記されていたら、日本人は「伝説さ」というであろうと書いている。」ということです。イエーメンはアラビア半島の南に位置し、イスラエルに行くには、サウジアラビアの壮大な砂漠を越えなければなりません。世界のどこに住んでいても、ユダヤ人にとっては『聖書』（旧約聖書）は生きた自分たちの歴史であり、その歴史を芯として二千年を生き抜いて来た民族はかくの如く靭《つよ》いのです。以て「他山の石」とすべきでしょう。

第三は、

「據レ事直書勸懲自見焉」。

「拠事直書」ということについては二通りの事が考えられます。

一つは徹底した事実の究明の努力ということです。その為に全国的な史料探訪を実施しました。そして多くの新史料を発掘しました。水戸の探訪によって世に出た史料は非常に多く、有力な寺院・公卿の秘庫が開かれ、史学の研究の進展に寄与した功績は多大なものがあります。

さらに注意すべきことは、それまでのシナの歴史書にも、我が国の歴史書にも曽て無い素晴らしい試みを実行したことです。それは、出典註記ということです。それまでの歴史書が考え及ばなかったこと、わずかに『日本書紀』にいくつかの例があるものの、絶えてなかったことなのです。何故出典、即ち立論の根拠を全て明示することにしたのか。それは叙の末尾に在る、「乃チ後来修史者ノ採択ニ備フルノミ」という言葉に示されている通り、後世更に新史料や異質な史料が発見された場合に、比較検討が出来るようにとの謙虚な配慮に基づくものなのです。『史館旧話』は左記のように伝えています。

「御平生史館へ仰せ付けられ候ハ、大日本史を造事、其方共の及ぶべき事ニあらず、後世ニ才識抜群の人出て、大日本史を撰述せん時ニ、採択ニも成るべきやと思召し、此書を御編修遊ばされ候。それ故一事一条をも、専ニ御決断遊ばされず、毎事引用の書を御注シ指置かれ候」

さらに、さまざまな伝来の史料には様々な異本がありますが、史実を明らかにするためには、それらを比較検討して本来の姿に近づける努力が必要です。義公はこの点にも力を入れて、多くの書物の校訂を行い、これらを出版させています。いま、『増補水戸の文籍』から摘出しますと、「校正日本書紀」「校正続日本紀」「校正続日本後紀」「校正文徳実録」「校正三代実録」「校正古事記」「校正旧事本紀」「参考古事記」「参考平治物語」「参考源平盛衰記」「参考太平記」、或は「校刻菅家文草」「校刻都氏文集」「校刻難太平記」「校刻拾遺往生伝」「校刻東国通鑑」―これは朝鮮の歴史書です―、そして新しいものでは「校刻舜水文集」「校刻惺窩文集」「校刻韻府古篆彙選」などが挙げられています。

ここで、「日本後紀」の校刻本が無いことにお気づきかと思いますが、「日本後紀」は江戸時代、塙保己一の一門によって発見・出版されるまで知られなかったのです。現在でも完本はなく、十巻分のみが残されています。余談ながら、烈公が京都に在勤していた川瀬教徳に宛てた書簡の中に、「先日ハ関白殿御所持の由ニて、後紀指下したしかに落手致候、直様《すぐさま》写申付候故出来次第為レ登可申候」とあって、鷹司関白家から借用して筆写させたことが出ております。史料の収集は義公の時代だけではない、継続して行われていたことを付け加えておきます。但し、この時筆写したのがどの部分であったかは明らかではありません。

その他、僧契沖に委嘱して『万葉集』を解読させ（「萬葉集代匠記」）、あるいは佐々宗淳に命じて諸国寺院の鐘銘を蒐集させる（「鐘銘集」）など、およそ歴史の史料として活用できるものは、可能な限り収集し、諸本による誤脱を校訂してこれを出版し、広く研究者の便に供したのです。貴重な書物程、人は秘蔵しがちでありますが、義公はそうではありません。ここにも『大日本史』の編纂事業が決して水戸家の独断で行われるのではなく、広く同時代及び後世の批判を待つという姿勢が明瞭です。

このような文献の参照校勘の作業はまた義公の志と無関係ではありません。シナに於いて校勘の学が盛んになったのは乾隆年間以後（我が国では元文元年がシナの乾隆元年に当る）のことであって、義公が古事記・日本書紀を校訂された元禄の初年には、シナではわずかにその萌芽が見られるばかりであって、我が国にはまだ影響してはいなかったのですから、義公の独想によるものと考えてよいのです。

そして、このような厳密な科学的ともいえる手法を用いるようになったのは、我が国の真の姿、すなわち国体を明らかにするという重大な目的を達成するためには、一字一句をゆるがせにせず、事実を究め、真相を明らかにして、そのまま率直に記述することが重要であるとの考えからでしょう。

事の真実を明らかにするためには、いかなる困難も、時間も費用も惜しまない。この徹底した態度があって、初めて我が国の歴史の真の姿を明らかに出来るのです。

さらに「拠事直書」には、もう一つ重大な意味があります。

叙の文では、この言葉は義公の言葉として述べられていて、更にまた最後に同じ趣旨が述べられています。最後の一句は繰り返しのようですが、実は、「拠事直書」という言葉は『大日本史』の精神そのものを言い表している言葉なのです。その為に、初めは義公の言葉として述べ、ここで更に綱條の言葉として述べているのです。綱條が父である義公の遺志を遵奉していることを示すと共に、水戸藩自体が、大日本史の内容に一切の責任を担う覚悟を示しているのです。それのみではない。この言葉には、更なる深い覚悟が秘められているのです。

『大日本史』の三代特筆といわれるものを思い出してください。

第一は、『日本書紀』ではあいまいにされている大友皇子を御歴代の一人と認定したことです（明治になって弘文天皇と謚されました）。第二は『日本書紀』では本紀に立てられている神功皇后を皇妃伝に列したことです。そして第三は、吉野の朝廷、すなわち南朝を正統の皇室とし、足利高氏の擁立した北朝を閏統《じゅんとう》としたことです。

余談になりますが、安積澹泊は、これらの三大特筆と言われるものについて「謝平玄中書」の中で的確に弁明しているので、それを紹介しますと、

「南朝が正統であることは、明徳三年、神器が後亀山天皇から後小松天皇へ伝えられたこと、つまり譲位の儀に拠ったということ、を根拠にし、他の二点は「日本書紀」をよくよく読み込んだ結果、他の史料と合わせての結論であって、義公の剏見（そうけん＝創見）ではない。大友皇子の件に関しては、天武天皇の御子である舎人親王が、父君の簒奪とは書くに忍びないところであるから曲筆＝筆を曲げたのである、義公はその曖昧さを遺憾として特に記して明らかにしたのであり、「扶㆓綱常㆒正㆓名分㆒（綱常ヲ扶ケ名分ヲ正ス）」ことを望まれたのである。」（意訳・原漢文）

と説明しています。

第三の場合、南朝正統の論、は史館の中でも様々な議論があったようですが、義公は「このことだけは私の判断に従ってくれ。後世に批判を受けることになろうとも、大義の関わる問題であるのに、どうして事実を曲げることができようか」（大意）といわれたと伝えています。

ここで、南朝正統という結論は大義に関わると述べられたことは重大です。

義公のいう大義とは何でしょうか。

ここで、義公が、元禄三年十一月、江戸への出発にあたって、綱條（粛公）に与えた遺訓を思い出してください。その最後の部分、**「古謂君以雖不君臣不可不臣」**（古《いにしえ》謂フ、君以テ君タラズト雖モ臣ハ臣タラザルベカラズ）（『常山文集』）。

この言葉は、『古文孝経』の序にある言葉で、君臣の大義は絶対であることを意味しており、人口に膾炙《かいしゃ》している言葉ではありますが、義公がわざわざ遺訓の中に引用して綱條に与えた言葉です。「君」が何を指すかが問題です。これは漠然とした抽象的な主君ではありません。また、

当時大君とまで崇められた将軍でもありません。それは、御側仕えの者たちに時折話されたという、

「我か主君は天子也。今将軍は我か宗室也。（宗室とハ。親類頭也。）**あしく了簡仕《つかまつり》、取違へ申ましき……」**（『桃源遺事』）

という言葉に明瞭であります。

この遺訓は代々の水戸家当主に伝えられます。文公（六代）が安永七年（当時二十八歳）この遺訓を謹書したものが、現に彰考館文庫に残っています。文公は遺訓を記した後に、**「義方之訓皎如日星」**（義方ノ訓《おしえ》、皎《こう》トシテ日星ノ如シ）と記しています（義方之訓＝家庭の教え・家憲）。

また、『武公（七代）遺事』に、

「或時景山公子（烈公・九代）**へ御意遊サレケルハ、タトヒ、何方《いずかた》ノ養子ト成候トモ御譜代大名ヘハ、参リ不レ申様ニ、心得可レ申候。譜代ハ何事カ、天下ニ大変出来候ヘバ、将軍家ニシタガイヒ居ル故、天子ニムカヒタテマツリテ、弓ヲモ引カネバナラヌ事ナリ。コレハ常ニ君トシテツカウマツル故ニ、カクアルベキ事ナレドモ、我等ハ将軍家イカホトノ御尤ノ事ニテモ、天子ニ御向ヒ弓ヲ引カセラレナハ、少モ将軍家ニシタガヒタテマツル事はセヌ心得ナリ。何ホド将軍家、理のアル事ナリトモ、天子ヲ敵ト遊サレ候テハ、不義ノ事ナレバ、我ハ将軍家ニ従フコトハアルマジト仰セラレケレハ、」**

云々とあることは有名ですが、まさにこの義公の遺訓の解説に他なりません。

そして最後の将軍となられた慶喜公（烈公の第七子）が、伊藤博文公爵の、

「維新の初に公が尊王の大義を重んぜられしは、如何なる動機に出で給ひしか」

という問いに対して、

「余は何の見聞きたる事も候はず、唯庭訓《ていきん》を守りしにすぎず」

と言われて、若い日に烈公から伝えられた水戸家の遺訓について語られた（『徳川慶喜公傳』）ことは、あの「大政奉還」が義公の遺志、同時に水戸家代々の遺志、に基づくことを如実に示しているといってよいのです。水戸に於ける大義とはこのことに他ならないのです。天子様に対する絶対の忠義、これが大義なのです。

それならば、若しもその忠義の対象である朝廷が二つに分かれ、天子様が二人おられるようになった場合はどうなるのか。これは大問題です。所謂南北朝の正閏の問題です。どちらも天子様だ。さてどうしよう。勢いの強い方につくか。沢山褒美を下さる方に付くか……。そうではありません。この場合の判断の基準が、どちらが正統かということ、正統の天子に従うのが大義であります。ではどちらを正統とするか。その判断の拠り所が三種の神器なのです。神器を正式に譲りうけた方が正統なのです。何故ならば、神器は皇位の象徴であるとともに、天皇の恩徳の表章でもあるからです。これが義公の判断であり、それゆえに大義のかかるところと述べられたのです。

今さら大義などと古くさい、もはや黴《かび》が生えた概念だ、といわれるかもしれません。しかし、はたしてそうでしょうか。

人間がその社会生活を維持していく上に於いて、最も重んじなければならないのは、秩序を維持することでしょう。そしてその秩序の維持のためには人々の心の秩序意識が正しくなければなりません。法律はあくまでそれを支える補助手段に過ぎないのです。社会の秩序を支えるもの、時代がどのように変わろうとも、人種や民族がどれほど違っていようとも、それは倫理道徳、すなわち人の心の中の北極星なのです。ドイツのカントは「我が内なる道徳律」と言いましたが、二千五百年も前にシナ大陸に生まれた孔丘という人物がこのことに気が付き、それから二千数百年、時代が如何に変わろうとも、人々はそれを正しいとし、これを教えとして受け継いできたのです。古いから捨て去るべし、というのは間違いです。キリストの教えも二千年を経てなお、世界の多くの人々を導いているではありませんか。倫理道徳、すなわち人としてのあるべき道義を説くことは、決してアナクロニズムではないのです。

忠義とか孝行とかいうのは確かに儒教の概念です。しかしその言葉は古くとも、実態は決して色あせてはおりません。われわれの日常に普遍的に見られる道徳です。

しかし、忠義はないだろうといわれるかもしれません。たしかに今日では、「日本国憲法」によって、君と臣との関係というものは社会的に存在しないことになっております。

それならば、義公が断然たる決意をもって明らかにしようとした大義はどうなっているのでしょうか。

日本国憲法第一條に天皇の規定があります。皆さま御承知の通り、第一条は、

「天皇は、日本国の象徴であり日本国民統合の象徴であつて、この地位は、主権の存する日本国民の総意に基く」

となっております。

この条文は、国民に主権があることを宣言し、天皇に統治権のないことを明らかにしたものと解されています。

象徴とは、『広辞苑』（改訂三版）によれば、「抽象的な事物を示すのに役立つ形象または心象」とあります。しかし、天皇は形象や心象ではありません。「国の象徴であり国民統合の象徴である」という文言の意味する言葉の実態として、国語的には、まさに元首・国王または君主そのものを指す以外に当てはまる言葉はありません。

現に日本占領軍の総司令官であったマッカーサー将軍が、民政局長であったホイットニー准将に指示した、日本国憲法制定に関する、いわゆる「マッカーサー三原則」―黄色い紙に書かれていたのでイエローペーパーと呼ばれた―には Emperor is at the head of the State（＝天皇は日本国の元首として位置づけられる）と書かれているのです。前置詞の at に注意してください。何時、何故、誰によって、Head（元首）から Symbol（象徴）に替えられたかという問題は残るにしても、新憲法がこのメモの精神に従って作られたことは確実なのです。

ただし、元首・国王などという言葉にはどうしても統治権がからみます。そこで止むを得ず、主権在民との整合性を求めて―かならずしも整合しているとはいえませんが―象徴（Symbol）という曖昧な言葉を用いたのではないかと思います。当時、民政局次長であったケーディス氏は、小森義久氏の質問に答えて「国の象徴とか、国民統合の象徴といった表現は、実は私たちがその起草の段階でふっと考え付いてつくり出したものなのです」と答えている（講談社学術文庫・江藤淳編『占領史録』）ようですが、そのような苦し紛れの思い付きであったのかもしれません。

日本国憲法第一条の象徴という言葉は、実は元首（君主）という言葉の代用であったのです。言い換えれば、象徴天皇とは、統治権を持たない元首という意味になるのではないかと思います。注意すべきことは、主権在民を明文化した日本国憲法ではあっても、また、占領軍のおしつけ憲法ではあっても、日本国憲法は、我が国の天皇に象徴としての立場を認めているということです。認めているというより、占領軍の圧倒的な権力を以てしても、天皇と国民との歴史的な紐帯を断ち切ること、天皇を元首の地位から外すこと、は不可能であったのでないでしょうか。

右の解釈は、法律には素人の私見ですから、あまり権威はないとは思いますが、……。

我国の歴史では、天皇が実質的な統治権を持たなかった時代が存在しますが、その中から信長・秀吉が出、義公・慶喜公が出て皇運の回復に努めました。

昭和天皇が日本国憲法第一条について、「あの条文は日本の国体の精神にあったこと（―この場合、在ったのか、合ったのか、は不明です―）でありますから、そう法律的にやかましいことをいうよりも、私はいいと思っています。」と仰せられた（昭和五十二年八月二十三日於那須御用邸記者会見、文春文庫『陛下お尋ね申し上げます』所収）ことは、昭和天皇が統治権云々を超越して、歴史の中に明らかな皇室と国民との相互の信頼関係こそが国体の基本であるとのお思いから、新しい日本国憲法を受容されたことを示すものであると考えられないでしょうか。

古くシナ・朝鮮など儒教圏の文化を持つ地域では、君主の理想は聖主・聖王でした。

今上陛下は、民の為に祈り、民に心を添わせられてこの二十八年を御勤めになられました。まさに聖主と申し上げる他はないご努力の日々であります。そしてその懐いを、平成二十八年八月八日、国民に向かって率直に吐露なされました。国民は深い感銘を受け、今さらながら、このような陛下を戴く幸せを深く思い見たことでありました。

御歴代の天皇陛下が、単なる制度としての、権力者としての、元首・国王ではなく、まさしく民と休戚を同じくされようとして来られた君民一体の理想の姿は、我が国の歴史の中に顕著であり、まさに、現在もなお、「祖宗ノ仁澤、民心ヲ固結」しているのです。

このように見てまいりますと、法の上に於いても、また何にもまして事実と、そして心情の上に於いて、我ら日本国民は現在も変わりなく、天皇を君主として仰いでいるのです。『大日本史』が明らかにした大義は失われていないのです。それが事実なのです。我が国に於ける大義は建国以来一貫して変わることが無い。その国民的な伝統が日本の国柄を独特なものとし、諸外国の尊敬を受けている所以でもあるのです。

天照大神のよさしのままに、少なくとも二千年を超える長大な年月、一つの家系が存続し、その家長が国民の統合の紐帯となっているという事実は、世界で唯一つの驚異であり、まさに世界の至宝と言ってよい。この事実の持つ無限の重みを、私共日本人は、あまりにも軽く見過ぎているのではないでしょうか。

話が横道にそれましたが、義公が「大義に関わる」といったのは、南北どちらの朝廷を正統の君主とするかということが、人々の判断の是非を決するからなのです。つまり、日本人として正しい道を選んだのは誰か、ということが明らかになるからです。一家一族を挙げて大義に準じた楠木の一族、「嗚呼忠臣楠子」という言葉はそこから発せられるのです。

そして、その判断は、あくまでも事実に拠った。即ち、現在の朝廷が北朝系であるからといってその政治権力に阿《おもね》ることは出来ない、というのです。大友皇子の場合も同じです。ということは、現実に存在する如何なる権威・権力に対しても一切の妥協を許さないということを意味しますし、それは幕府に対しても同じ精神で臨むことになりますから、結果として厳しい処罰に会うことも覚悟しなければなりません。

「拠事直書」ということを実行することは、実際には自分の生命を賭けた行為であるということを、深く考えなければならないのです。さらには、自分一人で済むことであればともかくも、大義親ヲ滅スといいますが、まさに一部の『大日本史』によって、水戸藩三十五万石が滅び去ることをも覚悟しなければ、そして、それでよいという確信が無ければ、「拠事直書」することは出来ないのです。言い換えれば、それだけの犠牲を払う覚悟が無ければ大義を貫くことは出来ない、それだけ道義道徳というものは重いものだということでもあるのです。

であるからこそ、「拠事直書」することが「綱常ヲ扶ケ名分ヲ正ス」ことになるのです。「大日本史」は、観念的な綱常名分を正すことを目的として、いわば政治上の都合によって、さらには儒教的道徳観を史観として、編纂されたのではありません。それは、真の日本人の在るべき姿、すなわち大義を、厳密にして謙虚な研究に基づき探究したものであり、それはまさに命がけの行為であって、「扶綱常正名分」は結果であるということを、私共は繰り返し深刻に考えなければなりません。そして、それこそが『大日本史』の魂、真髄なのです。

昭和三十一年、水戸市に於いて「大日本史編纂開始三百年記念」の講演会が開催され、これをもとに多くの学者による研究成果を併せて『大日本史の研究』という書物が刊行されました。その『大日本史の研究』の巻頭に平泉澄博士が寄せられた「大日本史概説」という一文の、最後の部分をご紹介しましょう。私共は、ここに『大日本史』の真髄を理解すると共に、歴史というもののの、なかんずく我が国の歴史の持つ永遠の価値を、改めて戦慄を以て想い見なければならないと思います。

曰く、

『次に明治以来の科学的研究の前に、大日本史は、その光を失つたであらうといふに対しては、曾て西田幾多郎博士の述べられた批評を紹介しよう。

（御承知無い方の為に申しますと、西田博士は、大正・昭和の学界に新風を吹き込んだ哲学者であり、西洋哲学に飽き足らず、最後は日本的な思想に回帰した方です。それは西田哲学と呼ばれ、所謂京都学派を形成し一世を風靡しました。『善の研究』は代表的な著述です。）

「明治以来、我が国の歴史学は、西洋史学の影響を承けて、長足の進歩を遂げたとは、しばしば耳にする所であるが、自分の見る所を以てすれば、明治大正の間、歴史の名に価するほどの著述は、一つも無い。むしろ我々の考へてゐる歴史といふものから見て、真に歴史と云つてよいものは、水戸の大日本史があるだけである。」

これは、昭和の初め頃、京都の自邸をたづねて、その教を請うた時に述べられたところであつて、不幸にして当時の日記は、戦災の為烏有に帰し、談話の年月日は分らなくなり、内容の覚書は失はれて了つたのであるが、その後、鎌倉から送られた書翰は、今も存してゐて、それは昭和三年十一月十六日の日付であるから、右の談話は、同年秋の事であつたらうと思ふ。而して其の書簡には、

「私共は、従来の歴史家が、徒らに些細の考証に流れて、その背後にGeist（ガイスト＝精神・霊魂・心）をつかむ歴史の本質を忘れてゐたことを、遺憾としてゐたのです。」

といひ、又

「歴史は画と同じく、（画は必ずしも、さうではないが）、物の形を曲げずして、その背後に、物の精神を見なければならない。物を通して心を見なければならない。」

と述べてある。かやうに考へらるる哲学者の目に、大日本史こそは、近世に於ける最高の、或は唯一の「歴史」と映じたのである。』

検閲議

――不変の方針――

安積 覚（澹泊）

（筆者略伝）

安積淡泊は、幼名は彦六、名は覚、通称は覚兵衛《かく》、字は子先、老圃《ろうほ》または澹泊斎《たんぱくさい》と号し、致仕《ちし》してから老牛と号しました。祖先は奥州の武士で飯土用《いいとよ》（福島県）の館を領する武士でありましたが、祖父正信の代に安積《あさか》を名乗るようになります。正信は小笠原氏に仕えて武勇を以て聞こえましたが、寛永年中水戸徳川家初代の威公（頼房）に仕えました。澹泊は、明暦二年（一六五六）十一月の生まれ、十歳の時から朱舜水について学び、寛文十年出仕して二百石大番組、延宝三年小納戸役となり、天和三年（一六八三）史館編修となって、ようやくその本来の驥足《きそく》を伸ばす場に恵まれます。初期の史臣達との切磋の中に頭角を現し、元禄六年（一六九三）史館総裁（三〇〇石）となります。享保十八年（一七三三）三月致仕、四年後の元文二年（一七三七）十二月十日、元文校閲の大仕事の完了を見届けるように、八十二歳の生涯を閉じました。その間、「論賛」の執筆、『義公行実』の編纂、『列祖成績』の編纂など多くの業績を残す一方、長寿であったため、先輩たちが相次いで歿した後も、よく義公の精神を後輩に伝えて、大日本史編纂事業の基礎・土台を確定することに貢献しました。ここに掲げた「検閲議」はその一つです。明暦二年の生まれですから、まさにその生涯は大日本史の編修事業とともに在った、といっても過言ではありません。墓は水戸市の常磐共有墓地に在ります。

検閲議

日本史上梓有日、何慶幸如之、諸君検閲之功、亦云至矣。僕壮年在江館、久與吉磐齋・村篁溪・串雪蘭・栗潜鋒諸子、同編修事。如榮花物語、至淺至近、而國語優柔、成於婦人之手、其難通曉、恰如禹碑・石鼓之文。當時篁溪與雪蘭同局、正當榮華之時世。雪蘭迎刃而解、篁溪操觚而書、遂成各傳。蓋雪蘭傑出雋才、考索精確、發明敏捷、曾南豐所謂古之良史、其明足以周萬事之理、其智足以通難知之意者、庶幾近之。使天假之年、則日本史之成、不俟近年而能事畢矣。

（読み下し）

検閲議《けんえつぎ》

日本史上梓《じょうし》日有リ、何ノ慶幸カコレニ如《し》カン。諸君検閲ノ功、亦云《またここ》ニ至ル。僕、壮年江館ニ在リ、久シク吉磐齋・村篁溪・串雪蘭・栗潜鋒諸子ト、編修ノ事ヲ同ジクス。栄花物語ノ如キハ至浅至近、シカレドモ国語ハ優柔ニシテ、婦人ノ手に成リ、其ノ通暁シ難キコト、恰モ禹碑《うひ》・石鼓《せきこ》ノ文ノ如シ。当時篁渓ト雪蘭ト局ヲ同ジクシ、正ニ栄華ノ世ニ当ル。雪蘭、刃ヲ迎ヘテ解《と》キ、篁渓、觚《こ》ヲ操《あやつ》リテ書シ、遂ニ各伝ヲ成ス。蓋シ雪蘭ハ傑出セル雋《しゅん》才、考索精確、発明敏捷、曾南豊《そうなんぽう》ノ所謂《いわゆる》古ノ良史ノ、其ノ明ハ以テ万事ノ理ヲ周《あまね》クスルニ足リ、其ノ智ハ以テ知リ難キノ意ヲ通ズルニ足ルモノ、庶幾《ねがはく》ハコレニ近カラン。天ヲシテコレニ年ヲ仮《ゆる》サシメバ、即チ日本史ノ成ル、近年ヲ俟《ま》タズシテ能事畢《おわ》ラン。

（語釈）

日本史＝水戸義公によって編纂が開始された「大日本史」を指すが、此の当時はまだ書名が決らず、「史稿」とか「日本史」とか呼んでいた。「大日本史」の編纂事業は、明暦三年（一六五七）に開始され、この元文元年まで八〇年を費やしたが、以後も継続され、明治三十九年（一九〇六）に漸く紀・伝・志・表の完成を見て朝廷に献上されるまで、実に二五〇年に及ぶ大事業であった。

吉磬齋・村篁溪・串雪蘭・栗濳鋒諸子＝吉弘元常（元禄七―一六九四年歿、五十三歳）・中村顧言（正徳二―一七一二年歿、六十六歳）・大串元善（元禄九―一六九六年歿、三十九歳）・栗山愿（宝永三―一七〇六年歿、三十六歳）の諸士をいい、いずれも史館総裁を勤めている。澹泊は特に雪蘭（元善）の早世を惜しんで、「使天仮之年」と述べた。ちなみに、中村顧言（篁溪）・大串元善（雪蘭）の墓誌は澹泊が誌している。

それぞれの名字の一字をとって呼ぶのは、シナ人の姓になぞらえたもので、この時代のシナ文化尊重の風潮を示し、徂徠学の系統に多く見られる。荻生徂徠は先祖が物部氏であるというので、物茂卿（ぶつもけい―茂卿は字）と称したことは有名。

榮花物語＝藤原道長を中心とする時代の歴史物語で、仮名で記された最初の歴史物語。次いで大鏡・今鏡・水鏡・増鏡などの所謂四鏡が作られた。

禹碑・石鼓之文＝禹が治水の時に書いたといわれる最古の石碑と、周の宣王の時に頌を記した鼓形の碑をいい、ともに古い金石文の代表。

操觚＝觚は文字を書く木札。操觚は文を作ることをいう。

雋才＝雋は俊に同じ。

曾南豊＝名は鞏《きょう》、北宋の人。唐宋八大家の一人。

俟＝あわてずさわがず、ものが自然とそこへ来るまで「まつ」という意味。

（釈文）

（長年にわたって編纂を続けて来た我が藩の）「日本史」がようやく出版の運びとなったことは、何よりも喜ばしいことです。皆さんの検討修正の努力がこのようにして実ったのであります。私は、壮年の時代には江戸の史館におり、長らく吉弘菊潭・中村篁溪・大串雪蘭・栗山潜鋒などの諸君と一緒に編集の仕事を致しておりました。その当時扱っていた史料の中で、『栄花物語』のような和文の史料は、極めて具体的で極めて日常的な内容なのですが、和文は柔らかい表現で書かれてあり女性の書いた文章であるので、私などにとっては、シナの禹碑や石鼓文のようにチンプンカンプンでありましたが、中村篁溪と大串雪蘭とは同じ部局に属しており、丁度栄花物語に述べられた時代（平安中期）を担当しておりまして、大串雪蘭はこれらの和文に対して、鋭利な刃物でスイスイ切り裂くように解釈を加え、中村篁溪はこれを立派な漢文体に書き直して、とうとうこの時代の人物の伝を作り上げたのです。思うに雪蘭は傑出した俊才であって、その研究は精緻確実であり、頭の働きは極めて素早く、曾南豊という人が、「昔の優れた歴史家はその聡明なることすべての物事の道理を尽く知り、その知恵の力はなかなか知ることが難しいことを理解するに足る」といったような歴史家に匹敵するかと思われるような人物でありました。惜しくも早世してしまいましたが、彼が長生きをしていれば、日本史はこれまでの時間を費やすことなく、とっく完成していたことでありましょう。

（解説）

この一文は、澹泊が致仕（公職を退いて隠居する）した翌享保十九年、藩当局の間で「日本史」の出版が議論され、時の総裁達（小池桃洞・打越樸斎《ぼくさい》・依田誠盧）と安積澹泊に対して、これまでに出来上がった全部（本紀と列伝）を再度点検して出版できるようにせよとの命令が下り、所謂「元文の校閲」が開始されました（幕府の出版許可は享保十九年七月に出る。翌年が元文。校閲は元文二年十一月に終る）。この時、打越総裁の建言によって、いわゆる北朝（足利の擁立した朝廷）の扱いが現在出版されている『大日本史』の書き方に改められましたが、それはともかく、検閲の進むにつれてその態度が、とかく文章表現の琢磨にのみ向けられていることを憂いた澹泊が、義公の修史の精神を改めて明確にして、検閲の方針を誤らないように諭したものとされています。

「議」というのは、論とは序とかいうのと同じく文体の名称で、奏議と私議の二体があります。この検閲議は私議（私見を記して人に示すもの）です。「諮謀（相談する）して事の宜しきを定める文」とされ、簡潔で明快であることを主とします。

至二大鏡・增鏡一國字所レ書、譯レ之甚難、前輩用レ心、如レ此周摯、如レ此縝密。而檢閲諸君、不レ究二事實一、唯欲二文字簡潔一、一筆勾去。儻使二前輩見レ之、則果能心服乎、腹誹乎。凡史、漢而下、稱二簡潔一者、唯陳壽三國志耳、然過二於太簡一、事不二詳備一。故宋文帝、嫌二其略一、使二裴松之補註一。新唐書、事

（読み下し）

大鏡・増鏡ニ至リテハ国字ノ書《しる》ス所、コレヲ訳スコト甚ダ難《かた》ク、前輩ノ心ヲ用ヰルコト、此クノ如ク周摯《しゅうし》ニシテ、此クノ如ク縝密《しんみつ》ナリ。シカルニ検閲ノ諸君、事実ヲ究メズ、唯文字ノ簡潔ナランコトヲ欲シテ、一筆ニ勾去《こうきょ》ス。儻《も》シ前輩《ぜんぱい》ヲシテコレヲ見セシメバ、則チ果シテ能ク心服スルカ、腹誹《ふくひ》スルカ。凡ソ史、漢ヨリシテ下《しも》、簡潔ヲ称スルモノハ、唯《ただ》陳寿ノ

増二於前一、文省二於舊一、歐・宋二子、上表所二自稱許一、而劉元城以爲、事増文省、正新書之失處。故唐子西有二敢亂道之語一、邵伯温有二戴誰頭之譏一。然則史之不レ一二於簡一、可二概見一矣。古人成語、不可二妄改一。如二三善清行・紀長谷雄一、皆大手筆也。使三僕生二於其時一、則厘能奉二盥匜一。歛二枕箪一、而霑二其殘膏剩馥一。而欲二點竄塗抹一、眞昌黎所謂、蚍蝣撼レ樹之類也。

三国志ノミ。然レドモ太《はなはだ》簡ニ過ギ、詳備セズ。故ニ宋ノ文帝、其ノ略ナルヲ嫌ヒ、裴松之《はいしょうし》ヲシテ補注セシム。新唐書ハ、事、前ヨリ増シ、文、旧ヨリ省ケリトテ、欧・宋二子、上表シテ自ラ称許スルトコロ、シカレドモ劉元城以為《おもえらく》、事増シ文省ナルハ、正ニ新書ノ失処ナリト。故ニ唐子西《とうしせい》ニ「敢乱道」（あえてみちをみだる）ノ語有リ、邵伯温《しょうはくおん》ニ「戴誰頭」（たがこうべをいただく）ノ譏《そしり》アリ。然レバ則チ史ノ簡ニ一ナラザルコト、概《おおむね》見ルベシ。古人ノ成語ハ、妄リニ改ムベカラズ。三善清行・紀長谷雄ノ如キハ皆大手筆ナリ。僕ヲシテ其ノ時ニ生レシメバ、則チ厘《わずか》ニ能ク盥匜《かんい》ニ奉ジ、枕箪《ちんたん》ヲ歛《おさ》メ、シカウシテ其ノ残膏剰馥《ざんこうじょうふく》ニ霑《うるお》ハンノミ。シカルヲ點竄塗抹《てんざんとまつ》セント欲スルハ、眞《まこと》ニ昌黎ノ所謂蚍蜉《ひふ》樹ヲ撼《うごか》スノ類ナリ。

（語釈）

大鏡・増鏡＝『大鏡』は栄花物語と同じく道長の時代を中心として記し、『増鏡』は鎌倉時代を題材とした、同じく編年体の歴史物語

周摯＝広く徹底していること。摯はいたること。

縝密＝詳細であるということ。縝はこまかなこと。

勾去＝消しとる、消す。

儻＝もしそうなれば、万が一。「若し」よりも重い。

腹誹＝口には出さず心の中でそしること。

稱（称）許＝褒め認めること。

敢乱道＝乱道は邪説を以て道理を乱ること。ここでは史書の本旨を乱すものという意味か。

戴誰頭＝『唐書』の段秀実伝に見える故事を踏まえた批判。主語が不明瞭であることをこのように批評した。

廑＝わずかに。廑の俗字。

奉盥匜歛枕箪＝盥は手洗い、匜は水を入れる器、歛はおさめる、集め取る、枕はまくら、箪はこめびつ。つまり日常のこまごまとした世話をすること。

點竄塗抹＝點（点）竄は文章の字句を改め変えること、塗抹は塗り消すこと。

昌黎＝韓愈（退之）の号。

蚍蜉撼樹＝韓愈の調二張籍一詩に「蚍蜉撼二大樹一、可レ笑不二自量一」とあるのを引用した。（調は調戯《からかう》の調であろう。）見識の乏しいものが妄りに自己より勝ったものを批評するような身の程知らずの譬え。

（釈文）

大鏡や増鏡に至っては同じく和文で記されており、これを漢文体に翻訳することは極めて難しいのであって、（担当者は非常に苦心をしてこれらを翻訳して日本史の原稿を作ったのであって）先輩たちが心

血を注ぐこと、かくのごとく広く徹底し、また詳細でありました。ところが、検閲に当る皆さんは、これらのいきさつを無視して、ただ文章を通じやすく簡潔にすることにのみ気を使い、（先輩苦心の表現を）さっぱりと削り取ってしまう。万が一これら検閲の跡を先輩たちが見たならば、果たして、成程結構だ、と認めてくれるか、それとも、口には出さないものの、腹の中でけしからんと非難するか、どちらでしょうか。一体シナに於ける歴史書は、漢代に始まって以降、二十五史といわれるように数多くありますが、それらの中で簡潔な文章であるとして有名なのは、陳寿が著した三国志のみであります。しかしこれは簡潔に過ぎて詳しく分からないところがありますので、南宋の文帝はこれを嫌って裴松之《はいしょうし》に命じて補注させたのです。また、新唐書は、内容は前の旧《く》唐書よりも増えたのですが、文章は簡略になりました。このことはその編者である欧陽修と宋祁《そうき》がその上表の中で自らこのことを明言して誇っているところでありますが、しかし劉元城は、事実の記載が増えているのに文章が簡略なのは新唐書の欠点であると考え、唐子西は「敢ヘテ道ヲ乱ル」といい、邵伯温《しょうはくおん》は「誰ノ頭ヲ戴ク」（主語が不明瞭になっているということ）のかと非難したのです。このような次第ですから、歴史書は一概に簡潔な文章が望ましいとはいいきれないことがおおよそお分かりでしょう。古人の作り出した語句・文章を妄りに改めてはならないのです。例えば三好清行《みよしきよゆき》や紀長谷雄《きのはせお》等は皆大変な文章家であり、私などは同時代に生まれていたならば、洗面の用意をしたり、寝具や食器を用意したりの雑用を奉仕するだけで、僅かに彼らの残りものの恩恵を受けるばかりでありましょう。それなのに先輩の文章を勝手に改竄抹消しようとすることは、眞《まこと》に韓昌黎（韓愈）が、「大蟻が樹を撼《うご》かそうとするような、身の程知らずなことだ」と言ったことと同じであります。

文章各有二其體一。若二序・記・書・論一、則　諸君縱橫貫穿、任二其筆力一可也。若二日本史一、則自有二定式一。義公立レ法甚嚴、不レ許二騁レ文弄一レ辭、務使二核實一。每戒二史臣一曰、寧繁勿レ失レ簡、寧質勿レ過レ文。僕嘗於乙復二平玄中一書甲略言二其事一。

（語釈）

騁文＝自分の思いのままに作文する。

弄辞＝徒らに凝った言い回しや美麗ないいまわしをする。

（読み下し）

文章ハ各々其体《たい》有リ。序・記・書・論ノ若《ごと》キハ、則チ　諸君縦横貫穿《かんせん》、其ノ筆力ニ任セテ可ナリ。日本史ノ若キハ則ち自《おの》ズカラ定式有リ。　義公ノ法ヲ立ツル甚ダ厳、文ヲ騁《ほしいまま》ニシ辞ヲ弄ブコトヲ許サズ、務メテ核実ナラシム。毎ニ史臣ヲ戒メテ曰ク、寧ロ繁ナルモ簡ニ失スルコト勿《な》ク、寧ロ質ナルモ文ニ過グルコト勿レト。僕嘗テ平玄中ニ復スルノ書ニオイテ略《ほぼ》其ノ事ヲ言ヘリ。

平玄中＝平野金華のこと。金華は荻生徂徠の門人で守山藩の儒となる。この書簡は澹泊斎文集に在る数通の書翰の一つで、「復する」ではなく正しくは「平玄中ニ謝スルノ書」。

（釈文）

文章にはそれぞれスタイルがあり、序・記・書・論などの場合は、あなたがた筆者が存分に腕を振るって立派な文章を作ることが可能ですが、我が「日本史」の場合は自《おのず》から一定の方式が定められているのです。（「日本史」の編纂を始められた）義公（光圀）は日本史の書き方について厳密な法を定められ、文章を勝手に作り上げたり語句を飾ったりすることをお許しにならず、その記述は正確で事実に即したものでなければならないとして、いつも編集に当たる者たちを戒めて、「少しくどくても誰が読んでもわかるようにし、簡略に過ぎて文意が曖昧になるようなことをしてはならない、文章は多少ごつごつしていても良く、美文にする必要はない」、と言われておりました。このことは、私は曽て「平玄中の問いに答える書」の中で概略述べております（ので、ここで詳しくは申しません）。

（解説）

この一文は中でも、光圀の修史の基本態度を明示して貴重な一文です。「寧ロ繁ナルモ簡ニ失スルコト勿ク、寧ロ質ナルモ文ニ過ギルコト勿レ」という言葉は、簡潔な中に「大日本史」の最も重要な特色を表している一句なのです。此のことについては最後に詳しく述べることとします。

前にも一寸触れましたが、漢文の作法として、闕字《けつじ》と擡頭《たいとう》・表出《ひょうしつ》ということがあります。この検閲議でいえば、原文では義公という文字が改行した上で一段高くなっていますが、これを擡頭といいます。今、印刷の便のため、表出に改めました。改行したままで行頭をそろえた形は表出です。また、諸君という文字の前は一字分空けてあります。これは誤植ではなく闕字という作法なのです。燕寝、総裁、明対の前も一字空けてあるのも同じ趣意からです。三者ともに敬意を表すための表記方法で、擡頭が尤も重く、表出、闕字と順に軽くなります。日本語の場合は敬語表現を用いることが出来ますが漢文には明確な敬語表現がありませんので、書き方で敬意を表すのです。

又見二 諸君簽書一、或有乙欲レ去二傳中月日一者甲、此殆不レ然。晋書王濬傳、直以二十五日一至二三山一、明十六日、悉將レ所レ領、還圍二石頭一、去二月武昌失レ守、其書二月日一、不二一而足一、苟不レ如レ是、則不レ足三以見二當時事勢一。故
義公嫌三干支之勞二推歩一、使三直書二日子一、雖レ非二史之正體一、而三代實録、既有二其例一。蓋日本史、參二用實録及資治通鑑之體一。故參二覈諸書一、甄二別異同一、則似二温公考異一。此
義公之雅量、而所レ望二乎後之良史一也。

(読み下し)

又諸君ノ簽書《せんしょ》ヲ見ルニ、或ハ伝中ノ月日ヲ去ラント欲スル者有リ、此レ殆ド然ラズ。晋書ノ王濬《おうしゅん》伝ニ、「直チニ十五日ヲ以テ三山ニ至ル、明十六日、悉ク領スルトコロヲ将《ひき》ヰテ還《ま》タ石頭ヲ囲ム、去ル二月武昌守ヲ失フ」ト、其ノ月日ヲ書スルコト、一ニシテ足ラズ。苟モ是クノ如クアラザレバ、則チ以テ当時ノ事勢ヲ見ルニ足ラズ。故ニ 義公、干支ノ推歩ニ労スルヲ嫌ヒ、直《ただち》ニ日子ヲ書セシム。史ノ正体ニ非ズトイヘドモ、シカレドモ三代実録

夫史非レ無二謬誤一、能正二其誤一爲レ得。譬如丙唐代宗時、行營節度使馬璘卒、有乙能引二弓重二百四十斤一者甲、舊書作三能引二二百四十弓一、於レ理不レ通。故温公從二段公別傳一、而不レ取二舊書一。至二於它事一、則不レ取二新書一、而從二舊書一者甚多。可レ見二古人用心之公且大一也。

既ニ其ノ例有リ。蓋シ日本史ハ、実録及ビ資治通鑑ノ体ヲ参用ス。故ニ諸書ヲ参覈《さんかく》シテ異同ヲ甄別《けんべつ》スルハ、則チ温公ノ考異ニ似タリ。此レ義公ノ雅量ニシテ、後ノ良史ニ望ムトコロナリ。夫レ史ハ誤謬無キニ非ズ、能ク其ノ誤リヲ正スヲ得タリトナス。譬ヘバ唐ノ代宗ノ時、行営節度使馬璘ノ卒ニ、能ク弓ノ重サ二百四十斤ヲ引ク者有ルガ如シ。旧書ニ能ク二百四十弓ヲ引クニ作ルハ、理ニオイテ通ゼズ。故ニ温公ハ段公ノ別伝ニ従ヒテ、旧書ヲ取ラズ。佗事《たじ》ニ至リテハ則チ新書を取ラズシテ旧書ニ従フモノ甚ダ多シ。古人ノ用心ノ公且ツ大ナルヲ見ルベキナリ。

〈語釈〉


簽＝はりふだ、つけ札。

王濬＝晋の人。呉を滅ぼすに功績があった武将。官は撫軍大将軍。

干支ノ推歩＝推歩は暦を作ることをいうが、ここは、計算する位の意味。古くは十干十二支を組み合せて日付を示した。『日本書紀』に例をとれば、「春二月戊辰ノ朔甲戌」といえば、朔日が戊申の月の甲戌の日すなわち二月七日ということ。このように一々数え直さなければならないことを嫌って、ということ。

日子＝日付
三代実録＝六国史の第六番目。正式には「日本三代実録」という。九〇一年完成。清和・陽成・光孝三代の天皇の三十年間を記した編年体の歴史書。他の六国史と異なり、干支と日とを併記しているのが特色。

資治通鑑＝宋の司馬光（温公）の編著。

参覈＝あれこれと比較して調べる、覈は調べる。

甄別＝ハッキリと区別する。

温公ノ考異＝司馬温公（光）は、北宋の名宰相と称された学者・政治家。資治通鑑の編纂者で、彼が行った比較考証研究。

望乎＝乎は強調の助辞、強く願う意をあらわした。

為得＝出来ること。

旧書＝『旧唐書』のこと。

佗事＝他事、佗は他の異体字。

新書＝新唐書のこと。。

（釈文）

もう一つ申しますと、あなた方が日本史に付けられた校正の為の付箋を拝見しますと、伝の中に記されている月日を削除しようという意見も見られますが、これはもう全くしてはならないことであります。シナの晋代を記した歴史書（晋書）の中の王濬の伝を例に取れば、「直チ二十五日ヲ以テ三山ニ至ル、明十六日、悉ク領スルトコロヲ将《ひき》井テ還《ま》タ石頭ヲ囲ム、去ル二月武昌守ヲ失フ」等とあるように、シナの歴史書でも月日を多く記しております。それはこのように詳しく月日を記さなければ当時の情勢を正確に知ることが出来ないからです。だから義公は、干支で月日を記すと一々計算し直さなければならないことを嫌って、直接何月何日と書くように指示されました。このことは歴史書の正しい書き方ではありませんが、『三代実録』に既にその例があります。つまり、「日本史」は、『三代実録』とシナの『資治通鑑』の書法を参考にしているのです。だから、多くの書物を比較検討してそれぞれの異同をハッキリと見分けるというところは、司馬温公が『資治通鑑』を編集する際に諸書を比較検討して異同を正したのとよく似たやりかたなのです。このような自在な工夫は義公が形式にこだわらないことを示しており、この態度は、これまた後の歴史を書く人に望まれるところなのです。一体、歴史書にも誤りはつきもので、それらの誤りを発見して訂正するのが検閲の役目であります（校閲の仕事は本文をいじるのではなく、事実の誤りを訂正することであるということ）。例えば唐の代宗の時代、行営節度使馬璘の兵卒の中に、二百四十斤の重さの剛弓を引ける者がいたようですが、これを『旧唐書《くとうじょ》』では二百四十弓を引くと書いており、これは理屈からいってもおかしい（明らかな誤りです）。従って司馬温公は、段公の別伝に従って『旧唐書』の記述を採用せず『新唐書』の記述を採用しました。しかし、（『新唐書』は簡潔に過ぎるなど問題が多いので）他の事に関しては多く『旧唐書』の記述に従っている場合が多いのです。このように、古人が史実を比較検討する上で公明正大な態度をとっていることを見習うべきであります。

（解説）

さらに語を継いで、具体的な書き方について意見を述べます。すなはち、月日を追って記述することの意味と諸書の比較検討の大切さを、説いています。日子を直接記すのは正式な史書のスタイルではないが、と言っているのは、シナの史書は、史記を始め、多くは干支の組み合わせで日付を表していますので（語釈参照）、それが史書の本来のスタイルであるが、という意味です。また、史実の確定に当って厳密な考証を行った『資治通鑑』の研究方法と『三代実録』の日付の書き方を手本としたのは、義公が、いたずらに原則にとらわれず、見解の柔軟なことを示していて、これこそ後世の歴史家の見習うべきことだ、とも指摘しています。『唐書』と『旧唐書』の例をひいたのは、史実の比較検討の大切さを示すと共に、簡潔であればよいとばかりはいえないことを指摘したのであろうと思います。

僕嘗咫尺　燕寝、面承
義公之旨。至修史義例、亦與其議。
距今四十年、恍如隔世。但恐、後生
晩輩、未嘗夢見
義公、而欲更絃改轍。
義公在天之靈、其能安之乎、抑將拒而
不受乎、皆不可知也。此非一毫爲
私、而萬死爲公。如其可否、則在
總裁所鑒定也、僕不與焉。　諸君
有意研覈、冀賜　明對。
元文改元冬　　老牛安積覺拜
（茨城県立歴史館蔵自筆原本に拠る）

（読み下し）

僕、嘗て燕寝《えんしん》ニ咫尺《しせき》シテ、面《まのあたり》義公ノ旨ヲ承ル。修史義例ニ至リテハ、亦《また》其ノ議ニ与《あずか》ル。今ヲ距ツル四十年、恍《こう》トシテ隔世ノ如シ。但恐ル、後生晩輩ノ、未ダ嘗テ夢ニ義公ヲ見ズ、シカモ絃《げん》ヲ更《か》ヘ轍《てつ》ヲ改メント欲スルヲ。義公在天ノ霊、其レ能クコレニ安ンズルカ、抑モ将《ま》タ拒ンデ受ケザルカ、皆知ルベカラザルナリ。此レ一毫モ私ノ為ニスルニアラズシテ、万死ハ公ノ為ニス。其ノ可否ノ如キハ、則チ総裁ノ鑒定《かんてい》スルトコロニ在ルナリ、僕ハ与《あず》カラズ。諸君研覈《けんかく》ニ意アラバ、冀ハクハ明対ヲ賜ヘ。

元文改元ノ冬　　老牛安積覚拝

（語釈）

燕寝＝天子の休息する宮殿、転じて尊い方の居所。ここでは義公の居所をいう。

咫尺＝非常に近い距離をいう。御側近く。

修史義例＝「日本史」編纂に当って、何をどのように書き表すかの基準を示したもの。

未㆔嘗夢㆓見義公㆒＝孔子は「甚だしいかな、吾の衰えたるや、久しいかな、吾復た夢に周公を見ず」と、自身の衰えを歎いた。周公は、孔子が理想とした周王室創業の功臣。論語の文を踏まえた一句。

更絃改轍＝弦糸を改め車輪の幅を変える。規則や前の仕事を改変することの譬え。弦と絃は通用。本来は弦は弓のつる、絃は楽器のつるを意味する。

将＝ここでは、二つのことを並べる接続詞として用いている。はたまた、それとも。

研覈＝研究する。調べ考えて明らかにする。

冀＝こいねがわくは。なかなかできにくい、まれなことが出来るようにと願うこと。へりくだってこう述べた。

（釈文）

私は昔、義公の御側近くにお仕えして、しばしばそのお言葉を直接お伺いすることが御座いました。中でも（「日本史」編纂の基本方針を定めた）修史義例の作成にも参加いたしました。もはや四十年も昔の事であり、記憶もはっきりせず別世界の出来事のようにおもわれます。（従って、昔のことを持ち出して難癖をつけるつもりはありませんが）ただ、私が心配するのは、若い人たちが一度も義公の想いをおもいやることなく、勝手に従来の編纂方針を改変しようとすることです。天に居られる義公の霊が、これをご覧になって、宜しいと言われるでしょうか、それとも認められないとおっしゃるでしょうか。私はそれを知ることは出来ません。ただ、今申し上げたことは、露塵程も私の為ではなく、「日本史」の編纂事業の為、義公の為に、申上げたのです。この私の意見を採用するか否かは、私の関与することではなく、全て史館総裁のご判断にあること言うまでもありません。しかし、出来ることならば、皆さんが（私の申し上げたことを）よく研究してみたいと思われるならば、はっきりとした答えを聞きたいものです。

（署名）

（解説）

この最後の部分では、後輩諸士がそもそもの発端である義公の主旨に想いを致すことなく、おのれの学力や認識によって事を運ぼうとする態度を、改めて戒めています。実は、『大日本史』は多くの史臣の長期にわたる編纂物ではありますが、それは義公の命令に従っての作業なのであって、著作者はあくまで義公光圀であるということ、編集に携わった無数の人々は陰であるということであって、その意味でも、このことは『大日本史』の大きな特色になっているのです。逆に言えば、『大日本史』に関わる一切の責任は義公に在る、ということです。このことは従来あまり強調されませんでしたが、改めて深く考えなければならないことでしょう。

更に、全編を通して尤も重要なことは、『大日本史』の編纂方針、それは同時に歴史に対する義公の慎みの心を表す言葉でもありますが、「義公立レ法甚厳、不レ許二騁レ文弄レ辞、務使二核實一、毎戒二史臣一曰、寧繁勿レ失レ簡、寧質勿レ過レ文」というところです。澹泊自身が、平玄中に与えた書簡の中に記してあると言っていますが（『澹泊斎文集』では平野金華に与えた数通の書簡の中の一つ「平玄中ニ謝スルノ書」という中にあります。この書簡は澹泊七十歳代の書簡です）、実は本書の「大日本史叙」の章で述べた様に、この言葉は澹泊の十八番でもあって、『大日本史』の編纂方針を定めた「義例」が、元禄九年七月、佐々宗淳・中村顧言・安積澹泊達によって改訂され「重修義例」と名付けられましたが、この「重修義例」の後に澹泊が記した一文の中に既に在る言葉なのです。それには、歴史書の編纂の極めて困難な三つの理由を挙げ、これらの困難を克服して後世に役立てるために必要な要件として「其要ニ二有リ、寧ロ繁ナルモ簡ニ失スルコト勿《な》ク、寧ロ質ナルモ文ニ過グルコト勿ク、広ク蒐《あつ》メ旁《あまね》ク羅《あみ》シテ、以テ良史ノ筆削ヲ待ツ、此レ　西山公ノ成徳ニシテ不世出ノ英識ナリ」とあります。この「書重修義例後」の文章は義公が「大イニ嘆賞シタ」と伝えられており、いわば義公公認の一句でもあります。（羅の文字は普通にはツラネルとかウスギヌと読まれますが、本来の意味は「鳥を取る網」で、そこから「くるみとる」意味が生じました）。そしてこの精神は、「大日本史叙」にも、あるいは藤田幽谷の「送原子簡序」にも明瞭に継承されており、編纂事業の最後まで一貫しているのです。

因みに、「広ク蒐メ旁ク羅シテ」については、佐々宗淳達による全国の史料採訪は有名で、多くの新史料を発掘しています。「東寺百合《ひゃくごう》文書」「結城白河文書」「禰寝《ねじめ》文書」あるいは芳野朝関係の文書など、中世の貴重な史料はこれらの史料採訪の中で発見されたものです。

また、「良史ノ筆削ヲ待ツ」とありますが、後の研究者の再検討・再利用の為に、記述の根拠となった史料の名称を一々明らかに記してありますので、どのような史料をどのように読み解いたかが分かるようになっています。義公は「我が国の歴史を書き記すなどということは、お前たち編纂に携わっている者たちの能く及ぶところではない。後世必ず優れた人物によってこの書物を修正することがあるであろう。自分はその人の為に草稿を作っているだけだ」と述べたということです。根拠の史料を挙げることは現代では常識ですが、当時は全く義公の発明創始した画期的なことで、シナの考証学の成立よりも早い、といわれています。根拠を明示するのは、どうしてそのような結論になったかを明らかにするとともに、後世になって新史料あるいは異質な史料が出現した場合の比較研究を容易にするという、謙虚で公明正大な方法なのです。

「大日本史」についての評価は今日極めて低く、「大義名分論に基づき」とか「尊王の意を表すことを目的として」などと解説されており、いわば過去の遺物として無視されているような状態ですが、いままでに述べたこのような編纂方針は、現代の史学の方法論と全く異なる所は無いのです。

そして大事なことは、「大義名分」や「尊王の意」などは、このような厳密な研究の結果として出てきたものであって、最初からの目的ではない、ということを考えなければなりません。そのことは、大井松隣が「大日本史の叙」を代筆するに当って江戸の史館と往復した書翰（『茨城県史料―近世思想編　大日本史編纂記録―』。また、論文としては拙著『水戸光圀の遺猷』所収「大井松隣と大日本史序」参照）にも明瞭に表れています。

また、儒教の影響が云々されますが、これは時代と共に生きる人間の宿命のようなものであって、江戸時代の儒学の力は強大であり、現代に生きる我々が、誰一人として、唯物史観や自由主義・功利主義などの思想の影響を免れることが出来ないのと同じことなのです。

送原子簡序

——義公精神の継承——

藤田一正（幽谷）

（筆者略伝）

藤田幽谷（一七七四～一八二六）、諱は一正、字は子定、通称次郎左衛門。水戸下谷《したや》というところにあった古着屋の次男坊でしたが、その学才が認められて十五歳で史館（彰考館）の小僧に抜擢され、翌年正式な史館の生員《せいいん》となり江戸に上ります。早くから秀才を謳われ、後には編集を経て史館総裁にまで登り、『大日本史』の編集に尽力しますが、その志は十分には達せられず、不運の中に五十三歳の生涯を閉じます。しかし、その私塾青藍舎で育てられた、藤田東湖・会沢伯民などを初めとする多くの俊才が、次の時代に、烈公を輔けて、いわゆる水戸藩天保の改革の中心として活躍することになります。著述に「正名論」「二連異称」「修史始末」「勧農或問」などがあります。

送二原子簡一序

昔孔子之作二春秋一也、筆則筆、削則削、子夏之徒、不レ能レ賛二一辭一。孟子稱、其事則齊桓・晉文、其文則史。孔子曰、其義則丘竊取レ之矣。使三春秋無二孔子一、

（読み下し）

原子簡ヲ送ルノ序

昔、孔子ノ春秋ヲ作ルヤ、筆スルハ則チ筆シ、削《さく》スルハ則チ削シ、子夏《しか》ノ徒、一辞ヲ賛スル

則魯國之史記、與㆓夫晉乘・楚檮杌㆒奚擇。聖人有㆑修㆑之、其大義、炳如㆓日月㆒。尊㆑王賤㆑霸、勸㆑善懲㆑惡、内㆓中國㆒、外㆓夷狄㆒之類、不㆓一而足㆒。夫然後謂㆓之經世先王之志㆒。

能ハズ。孟子称《い》フ。「其ノ事ハ則チ斉桓・晉文、其ノ文ハ史。孔子曰ク、其ノ義ハ則チ丘《きゅう》(孔子の名)竊《ひそ》カニ之ヲ取レリ」ト。春秋ヲシテ孔子無カラシメバ、則チ魯国ノ史記、夫《か》ノ晉《しん》ノ乘《じょう》、楚《そ》の檮杌《とうこつ》トナンゾ択《えら》バン。聖人コレヲ修スルアリテ、其ノ大義、炳《へい》トシテ日月ノ如シ。王ヲ尊ビ霸ヲ賤シメ、善ヲ勧メ悪ヲ懲ラシ、中国ヲ内ニシ、夷狄ヲ外ニスル類、一ニシテ足ラズ。夫レ然《しか》ル後コレヲ経世先王ノ志ト謂《い》フ。

（語釈）

贅＝この場合の贅は助ける、言葉を添へて助けるといふ意味。次の一文に在る贅・贅辞も同じ。

晉乘・楚檮杌＝晉の歴史書と楚の歴史書のこと、それぞれ乘・檮杌と呼ばれた。

（釈文）

昔、孔子が『春秋』を作るに当って、書かなければならないことは一つも漏らさず、削るべきことは容赦なく削った。従って孔子の門人でよくその詩学を伝えたと称される子夏であっても、たった一文字でさえもこれを訂正追加などすることは出来ませんでした。孟子はこう言っています。「書かれている事実は斉の桓公や晋の文公の事蹟であって、その文章は正に当時の歴史家の文章に拠ったものではあるが、しかし、孔子はこれに手を加えて毀誉褒貶を明らかにしている。だから、孔子は、この『春秋』に託された根本の精神、大義名分に就いては、自分が付け加えたものである、と言っているのである」（離婁章句下）と。若し『春秋』が孔子の手によって書かれていなかったならば、魯の国の歴史書も晋の乗や楚の檮杌と異なるところのない平凡な史書に過ぎなかったでありましょう。聖人である孔子がこれに手を加えたからこそ、その大義は太陽や月の如く輝いて明らかであります。即ち王を尊び覇者を賤しめて、何が善であり何が悪であるかを明らかにしたり、自分の生れた国と外国との関係を考える場合には自国のことを先ず考える、といったようなことはいろいろと沢山あり、そのような訳であるから『春秋』は経世先王の志を述べたものだといえるのであります。

（解説）

「原子簡ヲ送ルノ序」と読みますが、このような文章は「送序文」と呼ばれ、遠くに旅するとか、新たな任地に赴くといった時に、その行を盛んにし、又は訓戒を得んが為に、友人・知人・或は先輩など、普段に親交のあつた人々に依頼して作って貰《もら》う文章です。この場合は、原子簡が江戸の史館に赴任するに際して、幽谷に一文を依頼したものです。

原子簡は名を廸、通称を新助といい、宝暦九年の生まれですから、幽谷よりは十五年の年長です。天明四年十二月に扶持《ふち》を賜わって父の迹《あと》を継いで史館勤となり、六年には史館物書に上り、この寛政二年に三十二歳で江戸史館の物書き本席となりました。其後は寺社役や定江戸日帳方等を勤めて最後に寺社役に復して文政六年致仕、その年の末に六十五歳で亡くなっています。小宮山昌秀や杉山策などと交流があり、一緒に勉強した仲間です。『幽谷全集』には原に与えた幽谷の書簡が他に二通載せられておりますから、かなり親しい間柄であったのでしょう。

『春秋』という書物は、本来は四季の中の春秋の二文字を採って一年中の記録という意味を表わしたもので、編年繋月の記録という意味でしたが、後に孔子の編纂した歴史書の固有名詞となりました。「乗」も「檮杌」もそれぞれの国の歴史書の名称です。ちなみに、幽谷に「春秋不二独魯史之名一」（寛政二年三月）「列国史書通二名春秋一論」（年月不詳）の論文があります。

子夏在二孔子之門一。嘗列二文學之科一、他日居二西河之上一。能辨二晉史三豕之訛一、而不レ能レ贊二春秋一辭一者、蓋有レ説矣。其文辭、或微而顯、或志而晦、其義、則孔子所二自取一、所謂非二聖人一孰能修之者、固非三子夏所二能及一也。編レ年繫レ時、補二舊文之闕一、訂二日月之失一、是レ雖二妄庸之史一、猶或能爲レ之。而況子夏乎。然春秋所レ重、在レ彼而不レ在レ此也。則子夏之贊辭、無二復所一レ用矣。

（読み下し）

子夏ハ孔子ノ門ニ在リ。嘗テ文学ノ科ニ列シ、他日西河ノ上《ほとり》ニ居セリ。能ク晋史三豕ノ訛ヲ弁ズルモ、而レドモ春秋ニ一辞ヲ賛スル能ハザルハ、蓋《けだ》シ、説有リ。其ノ文辞ハ、或ハ微ニシテ顕、或ハ志ニシテ晦、其ノ義ハ則ハチ孔子ノ自ラ取ルトコロ、所謂《いわゆる》聖人ニ非ズシテ孰《たれ》カ能ク之ヲ修メントアレバ、固ヨリ子夏ノ能ク及ブ所ニ非ザルナリ。年ヲ編シ時ヲ繋《つな》ギ、旧文ノ欠ヲ補ヒ、日月ノ失ヲ訂スルハ、是妄《これぼう》庸《よう》ノ史ト雖モ、ナホ或ハコレヲ為サン。而ルヲ況《いわ》ンヤ子夏ヲヤ。然レドモ春秋ノ重シトスルトコロハ、彼ニ在リテコレニ非ザルナリ。則チ子夏ノ賛辞モ亦用ヰル所無キナリ。

（語釈）

志＝この場合は動詞で「記す」意。
上＝ほとり（辺）。

（釈文）

子夏は孔子の門人で、中でも文学に優れていると伝えられております。（これは論語・先進第十一の2に「文学には子游・子夏、」とあります。）彼が西河のほとりに住んで居た時に、晋の歴史書に「三豕渡河」とあるのは「己亥渡河」の過りであることを指摘した。それほどの学者であるのに『春秋』に関しては一文字も言葉を添えることは出来なかったのですが、じつはそれには理由があるのです。『春秋』の文章というのは、ある部分は陰微ではっきりせず、ある部分は明瞭であり、またある部分は詳しく書いてあり（＝志、しるす）、あるところははっきりしないというように一定していないが、その根本義は孔子が自ら撰びとったものであって、所謂聖人でなければよくこれを撰述する事はできないというのですから、子夏程度の者がとても出来る事ではありません。毎年毎年に書き継ぎ、古い文章の欠けているところを補ったり、月日の誤りを訂正したりすることなら、凡庸の史官といえどもなんとか出来る事でありましょう。まして子夏のような孔子も認めた学才の人ならば容易い事でありましょう。然しながら、『春秋』が価値を置くのは、このような文章の個々の問題ではなくして、大義の関わるところにあるのでありますから、子夏の贊辞は無用なのであります。

（解説）

「或微而顕、或志而晦」とありますが、『西山随筆』に、

「なべて三伝（「春秋」の解説書である左伝・公羊伝・穀梁伝の三者）に注せる義、みな孔子の御心に協《かなう》べきことはかりがたし、況んや後儒穿鑿《せんさく》の説をや、聖人綱《こう》ばかりを載《のせ》給ふ中に自然と善悪盛衰後世の鑑《かがみ》となること、是そ経天緯地（天ニ経シ地ニ緯スル）の文といふべし。程子の「春秋大義数十雖炳如日星其辞陰微義難測」（春秋ハ大義数十、炳タルコト日星ノ如シと雖モ、其ノ辞陰微、義測リ難シ）と云て、易簡に言寡《すくな》く注せられしこそ至れるかな。」

とあります。ここに義公の春秋観が見られると共に、大日本史の筆法の目指すところが推察できます。この送序の文の後半で幽谷が強調しているところは、まさにここに在ります。ちなみに、幽谷の文は、前に出て来た「大義炳トシテ日月ノ如シ」などと合せて、あるいは程子の文を踏まえているのでしょうか。

且聖人疑以傳レ疑、舊史所レ闕、不二敢輒増改一也。夏五・郭亡、闕文也。而先儒之傳二稱孔子語一、雖レ未二必盡一、然古人謹重之意、亦可レ見矣。春秋之文、有二公而不レ即レ位者一、有二氏而不レ名者一、有二月而不レ日者一、有二日而不レ月者一。孔子曰、吾猶及二史闕文一也。豈斯之謂歟。苟外二其義一、而論二其文一、則其謂二之斷爛朝報一也亦宜。

（語釈）

郭亡＝郭公の誤植と思われる。郭は春秋時代の地名。

（読み下し）

且ツ聖人ハ、疑ハシキハ以テ疑ヲ伝シ、旧史ノ欠クル所ハ敢テ輒《たやす》クハ増改セザルナリ。夏五・郭亡ハ欠文ナリ。而シテ先儒ノ、孔子ノ語ヲ伝称スルニ、未ダ必ズシモ尽クサズトイヘドモ、然モ古人謹重《きんちょう》ノ意、亦見ルベキナリ。春秋ノ文、公ニシテ位ニ即《つ》カザル者有リ、氏ニシテ名セザル者有リ、月ニシテ日セザル者有リ、日ニシテ月セザル者有リ。孔子曰ク、「吾猶史ノ欠文ニ及ベリ」、ト。豈斯《こ》レコレヲ謂フカ。苟モソノ義ヲ外ニシテソノ文ヲ論ズルトキハ、則チ其レコレヲ断爛朝報《だんらんちょうほう》ト謂フヤ亦宜《むべ》ナリ。

（釈文）

しかも、孔子は、疑わしきことでも、その伝えのまま疑わしいとして記し、また、古い記録に書かれていないことについては、容易《たやす》くは増補改定をしなかったのであります。例えば桓公十四年に「夏五」とあって月が欠けている。また、荘公二十四年の条で、「郭公」とある下に記事を欠いている、などはその例であります。先人が伝えてくれた孔子の言葉は断片で充分ではないけれども、しかしそれらを通して古人、即ち孔子が歴史を編纂するに当って極めて謹み深く古伝を尊重しつつ執筆したことがわかるのであります。『春秋』の文章は必ずしも満足すべきものではなく、例えば公と称されているのに位に就かなかった者もおり、また、氏だけ記して名が無い場合があり、あるいは、月だけあげて日が無かったり、日があるのに何月なのか分らなかったりしております。孔子は「自分は、昔の史官が、疑わしきことは敢えて書かず、後世の識者を俟《ま》つといふ態度であったのを見た」といっているが、蓋しこのことを指すのでありましょうか。いずれにしても『春秋』の根本義を措《お》いて文章のことだけを論ずるならば、まさに「断爛朝報《だんらんちょうほう》」という評価もまた当っているのであります。

（解説）

この孔子の言葉に就いては古来議論のあるところで、例えば「闕文」というのは、「史」の文字の下に文章が欠けていたので、「欠文があるぞ」というつもりで書いてあったのが、後から本文に入ってしまったのではないか、などという説もあって、難解なところですが、幽谷は、不確かなところは書かないという態度と理解しているようです。

また、「断爛朝報」というのは、宋時代の王安石が論語を譏って、「あんなものは切れ切れになった朝廷の記録即ち断爛朝報に過ぎぬ」といったという故事を踏まえております。つまり、『春秋』は文章を云々するのではなく、そこに寓された大義名分を見なければ何の役にもたたぬ、ということです。

我　西山公、嘗憂是非之迹、不明於天下、而善人無所勸、悪者無所懼、乃慨然修大日本史。上議　皇統之正閏、下辨人臣之賢否、尊　帝室以賤霸府、内　天朝以外蕃國。蓋庶幾乎聖人經世之意矣。史册絶筆之後、載籍闕文之餘、罔羅天下放失舊聞、協異傳、整雜語。其世則終始百王、其事則上下二千餘歳。與孔子因魯史、修春秋、以紀十二公、二百四十餘年之事者、其難易相去也遠矣。故其間闕文亦不

（読み下し）

我ガ西山公、嘗《かつ》テ是非ノ迹《あと》天下ニ明ラカナラズシテ、善人勧《すす》ムルトコロ無ク、悪者懼《おそ》ルルトコロ無キヲ憂ヒ、乃チ慨然《がいぜん》トシテ大日本史ヲ修ス。上ハ皇統ノ正閏ヲ議シ、下ハ人臣ノ賢否ヲ弁ジ、帝室ヲ尊ンデ以テ霸府ヲ賤シメ、天朝ヲ内ニシテ以テ蕃国ヲ外ニス。蓋シ聖人経世ノ意ニ庶幾《ちか》カランカ。史冊絶筆ノ後、載籍欠文ノ余、天下放失ノ旧聞ヲ罔(網)羅シ、異伝ヲ協《あわ》セ雑語ヲ整《ととの》フ。其ノ世ハ則チ百王ニ終始シ、其ノ事ハ則チ二千余歳ヲ上下ス。孔子ノ魯史ニ因ツテ春秋ヲ修スルニ、十二公二百四余年ノ事ヲ以テスルト、ソノ難易相去ル

鮮。後人或不レ達下孔子修二春秋一之義上、故不レ能レ知二先公作レ史之旨一、謂、其爲レ書、屬レ辭比レ事而已。或乃至下以二闕文一病上レ之。何其不レ思之甚也。

ヤ也《ま》タ遠シ。故ニソノ間、欠文モ亦鮮《すくな》カラズ。後人《こうじん》或ハ孔子春秋ヲ修スルノ義ニ達セズ、故ニ先公史ヲ作ルノ旨ヲ知ル能ハズ、謂フ、其ノ書タル、辞ヲ属シ事ヲ比スルノミト。或ハ則チ欠文ヲ以テコレヲ病《や》ムニ至ル。何ゾ其ノ思ハザルノ甚ダシキヤ。

（語釈）

懼＝ク。恐怖する、恐れて戒める意味。
慨然＝憤り歎く様子。発奮して。
罔羅＝罔は網に同じ。
皇統ノ正閏＝ここでは、南北朝時代の両統のうち、南朝を正統の皇室と決定したこと、大友皇子を御歴代に入れ奉ったこと、および、神功皇后を皇妃と位置付けたことを指す。閏は余りの意味で、正統ではない位を閏位という
覇府＝正統の王者に代わって権力を振るう政府。例えば幕府。
史冊＝朝廷によって編纂された正規の歴史書である六国史《りっこくし》を指す。

（釈文）

（ここから一転して『大日本史』を論じます。）

さて、我が水戸藩の二代目の藩主であられた西山公（光圀・義公）は、むかし若い頃ものごと

の是非善悪が世の中によく知られておらず、そのために善人が助け励まされる事なく、また一方、悪人が怖《お》じ恐れて萎縮することもなく大手を振って生きているのを御覧になって、これではいけないと発憤して『大日本史』の編纂に着手されたのです。（ここに『大日本史』とあり後には「日本史」とあります。はっきりはしませんが、「大」は衍字かと思われます。）皇統の系譜を検討してその正統と閏統とを弁別することを始めとして歴代の臣下の業績を明らかにし、皇室こそは最も尊く、幕府などは一段と低い地位にあること、我が国こそ我等の居るべき中心であって、外国は如何に優れていようとも外国である、ということを明瞭にされました。この『大日本史』の根本義を見れば、まさしく、聖人が世の中を導かれる、というに近いと云えるではありませんか。

正規の歴史書（六国史など）が著されなくなった時代についても、史実を索《もと》めて各地に分散している史料を出来るだけ聚《あつ》めたり、異なった伝承や民間の雑説などまで蒐集《しゅうしゅう》整理してきました。その執筆の時代は百王（天皇百代）に及び、書かれた時代の長さは二千年を上下しました。孔子が魯の歴史書に拠って『春秋』を書き記したのは、王侯の時代にして十二代二百四十年余りのことであったことを思えば、編纂の苦心というものはとても比較になるものではありません。従ってその間の欠文も少なくはないのであります。

ところが後の人は、同じく欠文のある春秋、斷爛朝報と譏《そし》られる『春秋』を孔子が作った真意を理解できず、従って西山公の主旨をもまた当然知ることができず、「この書物はただ事実を羅列しているだけではないか」と批評し、または「欠文が多いのが欠点で、惜しいものだ」、などと云うのであります。何と考えなしなのでありましょうか。

（解説）

義公は聖人に匹敵し、『大日本史』は聖人経世の書であるということです。

なお、「内㆓天朝㆒以外㆓蕃國㆒」について、義公は『西山随筆』の中で次のように述べています。

「毛呂己志（もろこし＝シナ）を中華と称するは其国の人の言にハ相応なり、日本よりは称すへからず、日本の都をこそ中華といふべけれ、何ぞ外国を中華と名付んや、そのいわれなし。」

と。荻生徂徠などとはその見識に於いて天地の懸隔があります。

西山公既薨九十年、今公以㆘先公之志、在㆖竢㆓後世君子㆒故、將㆘以校㆓讐其書㆒、鏤㆑板以公㆗天下㆖。乃擇㆘史臣堪㆓其事㆒者㆖、就㆓史局於江戸藩邸㆒、以從㆓其業㆒。原兄子簡、亦充㆓其選㆒。於㆑是、同僚之士、爲㆓詩若文㆒、以送㆓其行㆒。

（読み下し）

西山公既ニ薨ジテ九十年、今公、先公ノ志、後世君子ニ竢《ま》ツアルヲ以テノ故ニ、マサニ以テ其ノ書ヲ校讐《こうしゅう》シ板ニ鏤《きざ》ンデ天下ニ公ニセントス。乃チ史臣ノ其ノ事ニ堪《た》ユル者ヲ択ビ、史局ニ江戸藩邸ニ就カシメ、以テ其ノ業ニ従ハシム。原兄子簡モ亦其ノ選ニ充《あ》テラル。是ニ於イテ同僚ノ士、詩若シクハ文ヲ為《つく》リテ以テ其ノ行《こう》ヲ送ル。

【語釈】

西山公既薨九十年＝義公光圀の薨年は西暦の千七百年、この文の書かれた寛政二年は丁度薨後九十年に当る。

今公＝水戸藩六代藩主文公のこと。

先公ノ志、後世ノ君子ニ俟ツニアリ＝『大日本史』の叙に「其ノ刪裁《さんさい》ニ至リテハ大手筆ニ俟ツ有リ」とあるのを指す。しかし、ここでは、大日本史の完成が後世の人々に委ねられたことを主として言っているようにおもわれる。

竢＝俟の古字。ものごとが自然とそこへ来るまで待つ意。

校讐＝校訂に同じ。校は一人で校正すること、讐は、二人相対して一人が読み一人が引き合わせること。

【釈文】

西山公が亡くなられてから既に九十年の歳月が流れました。今の主君（文公）は、西山公の志が、後世の人々の奮発を俟《ま》って達成されることを期待されたことを承けて、暫く停滞していた事業を再開して大いに昔の草稿を点検し、誤りを正して出版しようと、史臣の中からその事を任せるのに足る人材を選抜し、編纂所を江戸の藩邸に設けて専ら校讐に当らせることにしました。友人である原子簡もまた抜擢の撰に入りました。そこで、同僚の諸士は挙《こぞ》って詩や文を作ってその行《こう》を盛んにすることになりました。

【解説】

本文に、出版の計画によって原などが江戸に招集された、とありますが、大日本史の出版については、寛政元年、時の総裁立原翠軒が文公に上書して、先ず本紀と列伝を板行することが決められました。また、校訂作業に資するために塙保己一が招かれるなど、此の度の校訂作業は、本格的で大規模なものであったようです。この時翠軒は、志と表の編纂を中止することを併せて進言しています。これについては小宮山楓軒など、史館の編集からも反対意見が出され、これがその後の史館の大きな論争の元となるのですが、長くなるので省略します。

余竊嘗以爲、日本史之爲レ書、是非褒貶、自二先公之志一、而屬レ辭比レ事、假二諸良士之手一。亦何竢三後人之贊二一辭一哉。然則子簡之業、亦不レ過レ辨二三冢之訛一焉爾。春秋闕文、無レ害三乎其爲二經世大典一。則子簡宜三服二膺古人謹重之意一、豈得下妄爲二穿鑿一、以亂中舊章上乎哉。子簡之所二從事一、日本史之業、而日本史、乃先公之所レ寓レ心、春秋之後、乃有二斯書一。故余於二子簡之行一、論二次春秋之義一如レ此。書以贈、

(菊池謙二郎編『幽谷全集』)

(読み下し)

余竊《ひそ》カニ嘗《かつ》テオモヘラク、日本史ノ書タル、是非褒貶《ぜひほうへん》先公ノ志ニ自《よ》リ、辞ヲ属シ事ヲ比スルハ諸《これ》ヲ良士ノ手ニ仮《か》ル。亦何ゾ後人ノ一辞ヲ賛スルヲ竢《ま》タンヤ。然レバ則チ子簡ノ業モマタ、三豕《さんし》ノ訛ヲ弁ズルニ過ギザルノミ。春秋ノ欠文ハ其ノ経世ノ大典為《た》ルニ害無シ。則チ子簡、宜シク古人謹重ノ意ヲ服膺《ふくよう》スベク、豈妄《あにみだ》リニ穿鑿《さんさく》ヲ為シテ以テ旧章ヲ乱スヲ得ンヤ。子簡ノ事ニ従事スルハ日本史ノ業、而シテ日本史ハ乃《すなわ》チ先公ノ心ヲ寓スルトコロ、春秋ノ後、乃チ斯《こ》ノ書有リ。故ニ余ノ子簡ノ行ニ於イテ春秋ノ義ヲ論次スルコト此《か》クノ如シ。書シテ以テ贈ル。

（語釈）

三豕《さんし》之訛＝己亥を三豕と誤った故事に基づく。史記に「三豕渡河」とあるのを、孔子の弟子の子夏が、それは己亥の誤りであると指摘し、その指摘が正しかったので、文字の誤りを指摘するときに用いるようになった慣用句。三豕金根ともいう。金根は金銀の誤り。

（釈文）

私は、内々以前から考えていることがあります。『大日本史』という書物の、其の内容の是非褒貶、すなわち正邪曲直の判断は、（聖人の如き）西山公の判断によって為されたものであり、順序次第を並べたり他と比較したりすることを、優れた人々に委ねられただけでありますから、一体どうして後の人間が「一辞を賛する」（前に、子夏の徒、一辞を賛する能はず、と出て来ました）ことが出来ましょうか。ということであれば、子箇の仕事も子夏のように、「三豕」は「己亥」の誤りであるということを指摘する程度に過ぎないのであります（それを越えることはできない）。『春秋』の文章に欠文があることは、『春秋』が、世の人を大きく裨益《ひえき》する書、優れた政治の教科書であることに些《いささ》かも害になってはいない。つまり子箇は先人の謹重の意を充分に感得してそれに従い、勝手に文章をいじくりまわして本文を混乱させ、その大義を不明にするようなことがあってはならないのであります。繰返しますが、子箇の従事する業務は『大日本史』の仕事なのであります。しかも『大日本史』は西山公が深く心を寄せられたところ、『春秋』が世に出てから長い年月を経て、ようやく『春秋』に匹敵する本書が出版されようとしているのであります。このような重大な事態であることをよくよく認識するが故に、私は敢て、改めて春秋の本質（それはそのまま『大日本史』の本質）を論じて子簡の覚悟を促すのであります。以上のことを記して差上げ、送別の辞とします。

（解説）

この文章は寛政二年（一七九〇）、幽谷十七歳（数え年）の文章です。

先ず注目すべきことの第一は、幽谷の学識です。十七歳にして既にこの見識を有していたことです。十七歳といえば現在では高等学校の二年生、もとより教養の内容が現代と当時とは全く異なりますが、その博覧強記よりも、むしろ物事の本質を道破する力に驚かされます。幽谷の学習の姿は、石川久徴の『幽谷遺談』にいくつかの話が載っています。年代は不明ですが、その一つを現代ふうに翻訳して御紹介しますと、次のような話です。

幽谷がいつも一緒になって会読、つまり学習会をしていたのは小宮山昌秀（楓軒）・杉山策（復堂の父）・そしてこの原新助（子簡）などであった。あるとき、自分（石川）もその席に参加したことがあり、その時は『列子』を順番で講釈していた。その時幽谷が云うには、「私は、今日は下見をして来ませんでしたので、遠慮して皆さんの御講義を拝聴しましょう」と。ところが或る一人の解釈を聞いていて、その解釈は間違いではないか、と云う。いや先達の解釈の通りであり別の人もこのように解釈している、これで良いのではないかと、しばらくあれこれ論争になったが、やがて小宮山が明の学者の随筆のようなものを抄出して書き込んであったのを示して、この説は幽谷の説に合っているといって紹介した。すると幽谷は、多くの人は列子の主旨をよく理解していないから、先程のような誤りを犯すのです、といって懇切に解説したので一同は感服した。その帰り道に、小宮山が私に、藤田は優れた才能があるとは思うが、まだ書物をそれほどは読んでいない。自分は彼に刺激されて、彼が五部読むならば自分は十部読むというようにすれば対等でいられるであろうと考えていたが、貴方も今日お聞きになったように、われわれのような能力ではどれ程の書物を読んだところで是非の判断をつけることは容易ではない。ところが幽谷は列子の主題・根本はこうだ、と初めから見抜いている。より多くの書物を読めば勝てるだろうなどと思ったのはまことに浅はかであった、と語った、と。

このような幽谷と日常に接していた子簡であったので、十五歳の年長にも拘らず幽谷に送序の文を需《もと》めたのでしょう。

第二点は義公との通底《つうてい》ということです。

幽谷は列子の根本を見抜いていたように、『大日本史』の本質を見抜いたのです。『大日本史』は我が国の『春秋』であるという幽谷の判断は決して根拠のない空想ではありません。前に引用した「西山随筆」にも明らかですが、更に『春秋』に関する「属辞比事而已」（辞ヲ属《あつ》メ事ヲ比《くら》ブルノミ）といふ批難に対する朱熹の反論である「聖人春秋ヲ作ル、其事ヲ直書スルニ過ギズ、而モ善悪自ラ見ハル」という言葉と、『大日本史叙』の文の「史ハ事ヲ記スル所以ナリ。事ニ拠リテ直書スレバ、勧懲ヲノヅカラ見《あら》ハル」という言葉は、符節を合せた如く、おそらく大井松隣（『大日本史』叙の原案執筆者）はこの朱熹の文を踏まえたものと思はれますが、多くの人がこの関連に気付かず、等閑視《とうかんし》していた中で、『春秋』と『大日本史』に同等の価値を認め、しかもこれを説いたことは重大であります。義公の精神をその根底から理解し、その精神の再興をめざしたことは、実に、所謂後期水戸学の方向を定めたということが出来ましょう。

一体、幽谷は何時頃義公の精神に気付いたのでしょうか。このことを明確にすることは出来ませんが、十四歳の時に、高野子隠を常陸太田の寓居に尋ねて泊めて貰った折の礼状が「幽谷遺稿別輯」に載っています。それによると、目的は金砂祭礼の見物に在り、西山御殿は訪ねておりません。しかも、「先公ノ勝地ニ隠ルルハ蓋シ在昔ノ群賢ヲ慕フ也、余ノ当時ノ美芳ヲ尋ネ探ラント欲スルハ亦先公ノ逸事ヲ欽慕スレバ也」などとその気風を慕う気持は強く書かれてありますが、修史との関連には触れておりません。つまり当時は未だ優れた敬慕すべき大先輩、少年の憧れといた印象であったのではないかと思います。

その翌年、幽谷は史館に入り史館小僧となります。未だ微役に過ぎない。しかし史館の一員であるということは義公の『大日本史』に繋がる第一歩でありました。おそらく、幽谷の修史に関する関心と使命感とはこの時に明確に意識されたのでしょう。そして幽谷は、持ち前の勤勉さで義公修史の一部始終とその精神の探求に突き進んだ。そうして見出した確信が早くも原子簡に向って吐露され、更に歳月を重ねて寛政九年の『修史始末』の著述となって結実するのです。

以上、色々なことを申しましたが、義公と幽谷とがその根本精神において相通じていたことを、これ程明瞭に示している文章は他にありません。この文章は、義公と幽谷との関係、そしていわゆる後期水戸学を理解する上で、極めて重要な一文ということができると思います。

大日本史叙の章で紹介した西田幾太郎博士の断案は、近代における歴史学の不毛を嘆じて、『大日本史』こそが歴史の名に価する、とされたのでしたが、幽谷と、ほぼ一世紀を隔てた西田博士と、両者は奇しくも、おそらくは何の連絡もなく、『大日本史』に同じものを観《み》たのです。哲人の見るところ、凡庸の思慮を超越すること、真に驚くべきでありましょう。

幽谷は学者としても群を抜く存在でしたが、また深く国を思う志士でもありました。早くからロシアやイギリスの接近に注目し、国防の強化の必要性を説いております。文政七年（一八二四）、常陸大津浜に英国の捕鯨船が来航、薪炭食料を求めて上陸した時には、子供である東湖（十九歳）に彼らを斬るよう命じたこともありました。次の歌はその折のものと思われます。

常陸なる大津の浜にいきりすの
　船をつなくと君はきかすや
雷の声かときけはあをうなはら
　あたし船よりはなつ石火矢

また、武力侵攻と共に、植民地化の常套手段であるキリスト教による洗脳を警戒して、弟子たちにもキリスト教について説いています。

天てらす神の御国そいかてかは
　よもつしこめかをしへうくへき

このような我が国の独立を危うくし文化を損なうような外国の攻勢に対する危機感は、次の世代になると更に切実になり、武士的な気概と相俟っていわゆる攘夷運動へと繋がっていきます。

賛天堂記

――自主独立の気概――

徳川斉昭（烈公）

（筆者略伝）

徳川斉昭（一八〇〇～一八六〇）は水戸藩九代の藩主。烈は諡《おくりな》です。兄斉脩《なりのぶ》の後をうけて、三十歳で藩主となりました。活動的で多才、強い信念と指導力を以て水戸藩政の改革を推進しました。所謂水戸藩天保の改革であり、時代に先駆けて行われたこの斬新な改革事業は、諸藩にも大きな影響を与え、やがて、明治維新を導き出す原動力となりました。斉昭の若い時代の訓育に当ったのは、藤田幽谷門下の会沢伯民などであり、天性の資質に加えて、彼らの指導が斉昭を育てたと思われます。賛天堂《さんてんどう》は藩士の教育のために建設され弘道館に併設された、医学の研究・修練のための施設です。

なお、烈公という諡の意味は、「有功安民」「秉徳遵業《へいとくじゅんぎょう》」という意味で、「民政の安定に貢献した」「身を慎んで自分の仕事に専念した」という意味になりましょうか。

賛天堂記

夫天地之於㆓萬物㆒也、煦嫗覆育、神妙不㆑測矣。然及㆓其廣大無㆒㆑窮也、其所㆓賦與㆒者、或不㆑能㆑齊焉。是以凡四方之國、有㆓寒暖燥濕㆒、而民生㆓其間㆒者、其性各異。南方暖燥、人心寛柔而恭順、衣食有㆑餘、故生育自多矣。北方寒濕、人心凝悍而猛烈、衣食倶乏、故生育自少矣。若夫不㆓火食㆒、不㆓粒食㆒、穴居野處、衣㆑皮被㆑羽、亦風土之使㆑然也、

（「水戸藩史料」ニ之字ナシ）

（読み下し）

賛天堂ノ記

夫レ天地の万物ニ於ケルヤ、煦嫗覆育《くうふいく》、神妙測ラレズ。然レドモ其ノ広大窮マリ無キニ及ンデヤ、其ノ賦与《ふよ》スル所ノ者、或ハ斉シキコト能ハズ。是ノ以《ゆえ》ニ、凡ソ四方ノ国、寒暖燥湿有リ、而シテ民ノ其ノ間ニ生ルル者、其ノ性各々異ル。南方ハ暖燥、人心寛柔ニシテ恭順、衣食余リ有リ、故ニ生育自《おのづか》ラ多シ。北方ハ寒湿、人心凝悍《ぎょうかん》ニシテ猛烈、衣食倶《とも》ニ乏シク、生育オノヅカラ少シ。夫《か》ノ、火食セズ、粒食セズ、穴居野処、皮ヲ衣トシ羽ヲ被《こうむ》ルガゴトキ、亦《また》風土ノ然《しか》ラシムルナリ。

（語釈）

賛＝本字は賛であるが、隷書は概ね賛を用いる。この賛天堂記は隷書で書かれたので賛の文字になっている。賛は讃に同じで、「賛天」は中庸第二十二章に「能ク物ノ性ヲ尽セバ則チ以テ天地ノ化育ヲ賛《たす》クベシ」とあるより採った。

煦嫗＝クウ。大切にしてあたため育てる。

覆育＝フイク。天地が万物をおおい育てる。

凝悍＝凝峻剽悍の意か。

（釈文）

一体、天地がその力を以て万物を慈しみ育《はぐく》む仕組は、人智を超えた出来事であり、とうてい私共が理解することは全く不可能なことであります。しかしながら、天下は果のない程広大でありますので、この地球上の万物は全て同じということはありません。それ故、地球上に存在する国々には、それぞれ寒暖乾湿の違いがあり、それぞれの国に生れる民は、それぞれの風土によってその性質を異にするのであります。すなわち、南方は温暖で空気も乾いておりますから人々の性質は寛《ひろ》やかで、柔和で素直であり、着る物も食料も豊富でありますから、当然人口も多くなるのでありま す。北方の国々は寒く湿気も高いので、人々の性質はかたくなで猛々しくまた勇猛でありますが、衣食に乏しいので当然人口はあまり多くありません。煮炊きをしないとか、米・麦の類を食べないとか、家を持たずに穴や野原に住んだり、布の替はりに獣の皮を着たり羽根を着たりというような風俗の違いは、全くそれぞれが生活している風土の違いに因るのであります。

嗚呼我神州、正氣純粹、寒暖得レ宜、人心仁厚而義勇、衣食饒、居處安、器械備、雖二一物一、不レ待レ求二之于他一而足矣。然中世以降、海外交易大行、而蠻舶所レ齎者、則藥石砂糖、珍禽奇獸、皮角羽毛、諸玩好之物也。所レ與二于彼一者、大則金銀銅鐵、小則紙蝋脯脩之屬、皆日用之物也。蓋昇平無事、驕奢淫逸、好レ奇衒レ異、有二以致一レ之、其敝至二于今日一、而殆有二不レ可レ救者一矣。如二其大敝一則姑置レ焉。

（「水戸藩史料」ニ則字ナシ）

〔語釈〕

脯脩＝ホシウ。ほじし、干した肉。

敝＝弊の古字

〔読み下し〕

嗚呼我ガ神州、正気純粋、寒暖宜シキヲ得、人心仁厚ニシテ義勇、衣食饒《ゆたか》ニ、居処安ク、器械備ハリ、一物ト雖モ、之ヲ他ニ求ムルヲ待タズシテ足レリ。然レドモ中世以降、海外交易大ニ行ハレ、而シテ蠻舶齎《もた》ラス所ノ者ハ、則チ薬石砂糖、珍禽奇獣、皮角羽毛、諸《もろもろ》ノ玩好ノ物ナリ。彼ニ与フル所ノ者ハ、大ニシテハ則チ金銀銅鉄、小ニシテハ則チ紙蝋脯脩《ほしゅう》ノ属《たぐい》、皆ナ日用ノ物ナリ。蓋シ昇平無事、驕奢《きょうしゃ》淫逸《いんいつ》、奇ヲ好ミ異ヲ衒《てら》ヒ以テ之ヲ致ス有リ、其ノ敝《へい》今日ニ至リテ、殆ンド救フベカラザル者有リ。其ノ大敝《へい》ノ如キハ則チ姑《しばらく》焉《これ》ヲ置ク。

中世＝現在の時代区分での中世ではなく、弘道館記の中世に近く、おそらくは遣唐使以後、或はもつと前からを指すと思はれる。

（釈文）

ひるがえって我国は、天地の正しい気を真っ直ぐに受けて気候も寒暖宜しきを得ており、人々も憐れみ深く親切でしかも正しいことの為には勇み立って実行する気概があり、衣食も豊富で安心して生活が出来、しかも技術分野もよく発達しており、何一つとして他国に頼らなければならないことは全く無いのであります。しかしながら、中世から後は、海外との交易が盛んに行われて、外国船は、薬品、砂糖、珍しい鳥や獣の類、また皮や角や羽毛、或は色々な嗜好品を齎し、我国はこれらに対して金銀銅等の資源と交換するかまたは紙、蝋燭や干肉などの日用品と交換するのであります。これは思うに天下が泰平なので、奢りや安佚を求める気風や珍しいものに飛付く気分が生じてこのような結果を生んでいるのでありましょう。その弊害は現在に至ってはもはや手の施しようが無いまでになってしまいました。その弊害の中でも交易に伴う深刻な問題に就いては今は論じません（いま論じようとするのは、極く身近な薬の事であります）。

今夫藥石亦天之所レ生、萬國各有レ焉。而異産之於レ我也、固有下不レ熟二肺腸一者上。故適服レ之、則其有二奇驗一亦宜矣。遂至レ曰二藥物精良不レ及二海外一、而我之所レ産、及所レ傳之醫方、皆棄而不レ省焉。是何心哉。蓋海外之奇藥、其價最貴、

（読み下し）

今夫レ薬石モ亦天ノ生ズル所、万国各々焉《これ》有リ。而シテ異産ノ我ニ於ケルヤ、固《もと》ヨリ肺腸ニ熟セザルモノ有リ、故ニ適々《たまたま》之ヲ服スレバ、則チ其ノ奇験有ルモ亦タ宜《むべ》ナリ。遂ニ薬物ノ精良海外ニ及バズト曰ヒテ、而シテ我ノ産ス故富貴之人、獨得嘗レ之。然未レ聞下其保二齢百千一者上。而貧賤之人、雖レ不レ得レ嘗レ之、亦未レ聞二人々短折一而或保二長壽一者、往々有焉。

ル所、及ビ伝フル所ノ医方、皆ナ棄テ、省ミザルニ至ル。是レ何ノ心ゾヤ。蓋シ海外ノ奇薬ハ、其ノ価最モ貴《たか》ク、故ニ富貴ノ人、独リ之ヲ嘗《な》ムルコトヲ得。然レドモ未ダ其ノ齢ヲ保ツコト百千歳ナル者ヲ聞カズ。而シテ貧賤ノ人ハ、之ヲ嘗ムルコトヲ得ズト雖モ、未ダ人々ノ短折スルヲ聞カズシテ或ハ長寿ヲ保ツ者《もの》往々有リ。

(釈文)

(しかし、それらの弊害の一つとして薬の輸入の問題に就いて考えてみますと、)薬と云うものは自然に生じる物であって、世界中の何処の国にも有るものであります。そして外国産の薬は、日本人の内臓が慣れていないこともあって、たまたまこれを飲むと大変良く効くことがあるのもまた当然であります。そうすると、薬のよく効くことは海外に及ばない、我が国産の薬や伝統的な処方など皆駄目だ、といって顧みないようになるのであります。これは一体どうしたことでありましょうか。考えてみれば輸入した珍しい薬は値段も高いので、金持ちだけがこれを服用することが出来るのでありますが、しかし、これを服用している人々が百年千年生きるという話は聞いたことがなく、一方、貧しい人々は高い輸入薬を飲むことができないけれども、それだからといって皆若死にであるということも聞かないばかりでなく、往々にして長生きの人も実際に在るのであります。

（解説）

交易に伴う深刻な問題というのは、例えばキリスト教の伝播や西洋の即物的な思想の流入などをいいます。

今富貴之人獨得レ之、亦大善矣。然而他日邊釁一開、交易路絶、則將二奈之何一。且藥物者、用レ之易レ盡、而金銀者、一與レ之則不レ能二再取一者也。擧二難レ獲之至寶一、以換二易レ盡之藥物一、是又何心哉。今與三其棄二至寶於蠻夷一也、不レ如下以二其財一製二良藥一之爲上レ愈矣、蓋上世大己貴命與二少彦名命一、勠レ力一レ心、經二營天下一、定二醫藥之方一。當二是時一、未レ聞レ取二奇藥于海外一也。（「水戸藩史料」一二蓋上世ノ三文字ナシ）

（読み下し）

今富貴ノ人独《ひと》リ之ヲ得ルモ、亦大ニ善シ。然レドモ他日辺釁《きん》一タビ開キ、交易路《みち》絶ユレバ、則チ将《まさ》ニコレヲ奈何《いかん》トカスル。且ツ薬物ハ、之ヲ用フレバ尽キ易ク、而シテ金銀ハ一タビ之ヲ与フレバ則チ再ビ取ル能ハザル者ナリ。獲《え》難キノ至宝ヲ挙ゲテ、以テ尽キ易キノ薬物ニ換《か》フ、是レ又タ何ノ心ゾヤ。今其レ至宝ヲ蛮夷ニ棄テンヨリハ、其ノ財ヲ以テ薬ヲ製スルノ愈《まさ》レリト為スニ如《し》カズ。蓋シ上世、大己貴命《おおなむちのみこと》ト少彦名命《すくなひこなのみこと》、力ヲ勠《あわ》セ心ヲ一ツニシ、天下ヲ経営シテ、医薬ノ方ヲ定メタマフ。是ノ時ニ当リテ未ダ奇薬ヲ海外ニ取リタマヒシヲ聞カザルナリ。

（語釈）

邊釁＝釁《キン》は血祭り、転じてすきま、仲たがい。辺釁＝辺境の紛争。（開釁＝乗ずべきすきを窺うこと）

（釈文）

実際金持だけが、外来の薬を良しとして、これを専ら服用することは結構ですが、若しも何時の日か辺境の地に紛争が起って交易が途絶したならば、一体どうしようというのでありましょうか。しかも薬物は服用すれば無くなり、また、金銀は一度相手に渡してしまえばこれを取返すことはできない。獲得するのに難しい金銀を浪費して、無くなり易い薬品と交換してしまうということは一体どういう神経なのでありましょうか。その貴重な金銀を無駄に外国人に与えてしまうよりは、その金でもって良い薬を製造しようとするほうが、何倍もましということにはなりはしませんか。考えてみれば、太古の昔、大己貴命と少彦名命が、力を勠《あわ》せ心を一つにして国家の経営に当り、また医薬の使い方を定められたのですが、この時に、特別な薬を外国から求められたということは聞いておりません。

（解説）

『古事記』『日本書紀』によりますと、大己貴命《おおなむちのみこと》は大国主命《おおくにぬしのみこと》として知られ、須佐之男命《すさのおのみこと》の子で、出雲を治めた神様。やがて天照大神の孫である瓊瓊杵尊《ににぎのみこと》に国を譲ります。少彦名命は神産巣日神《かみむすびのかみ》の子で、大国主命を扶けて出雲を治め、特に医学・薬学の知識を齎《もたら》したと伝えられています。なほ、本文中の「勠力一心」という句は、『日本書紀』の表記をそのまま用いたものです。

余自少小、慨然而深歎之、三十年于茲矣。毎聞見海内所産之薬物與所傳之醫方、採而集之。今設局於弘道館、使醫生撿閲精製焉、因命之曰贊天堂。蓋人心之靈、誰不知天之所賦與、各有處分乎。嗚呼、自我國中、推及天下、則庶乎知神州之所以爲神州矣、
天保十四年八月十五日記

（『水戸藩史料』・『水戸弘道館大観』）

（読み下し）

余、少小ヨリ、慨然《がいぜん》トシテ深ク之ヲ歎ズルコト、茲《ここ》ニ三十年。海内産スル所ノ薬物ト伝フル所ノ医方トヲ聞見スル毎ニ、採リテ之ヲ集ム。今局ヲ弘道館ニ設ケ、医生ヲシテ焉《これ》ヲ検閲精製セシム。因リテ之ニ命ジテ賛天堂ト曰フ。蓋シ人心ノ霊ナル、誰カ天ノ賦与スル所、各々分ニ処スル有ルヲ知ラザランヤ。嗚呼、我ガ国中ヨリ、推シテ天下ニ及ボサバ、則チ神州ノ神州為《た》ル所以ヲ知ルニ庶《ちか》カランカ。
天保十四年八月十五日記《しる》ス、

（語釈）

撿＝検（檢）に同じ

（本文章は、「水戸藩史料」に掲載されているものと其他の伝本とでは、原本が隷書で書かれたものであることから翻字の際の文字遣いに多少の違いがあり、また、前に注記したように誤脱と思われる部分もある）。

（釈文）

私は若いときから、このことを心から残念に思い、三十年という年月をかけて、国内に産出する薬物や伝来の処方などを、見聞きする度に記録・蒐集してきました。いま、弘道館の中に新たな一局として医学館を設けて、医者たちにこれらの成果をさらに検討させ、薬剤をも精製させることとしました。よってこの医学館を賛天堂と名付けました。何となれば、人それぞれの資質というものは極めて霊妙であって、天の与える所はそれぞれに微妙に異なることを識っているからであります。このようにして、医術の探求は勿論、自国産の薬物薬法の研究を深めて行けば、やがて我が常陸から全国に広まって行き、日本が神の国（＝神州）といわれる所以を明らかにする一助となることが出来るのではないでしょうか。

天保十四年八月十五日記す。

（解説）

賛（＝讃）といふ文字は、手を添へて助けるといふ意味を持つそうです。賛天堂という名称は天の仕事を御助けするという意味ですが、ただその時々に手を貸すというのではなく、人が夫々の努力の積み重ねを通して天の仕事を助けるという継続的な営《いとなみ》を意味するものと思います。烈公は、「医弊説」といふ文章の中で**「夫レ医薬ハ保命ノ大具、死生存亡ノ係ルトコロナリ、以《ゆえ》ニ慎マズンバアルベカラズ」**と述べています。人の生死は天の与えるところ、これを不慮から護り、天命を全うさせること、それが医・薬の本来的な働きでありましょう。特に医・薬の事業に名付けて賛天という、その意味は重大です。今日改めて深く考えなければならないのではないでしょうか。

烈公（斉昭）はこの年（天保十四年）四十四歳（数え年）ですが、その医学に関心を寄せたのは十代からであることが知られます。弘道館に医学館が開設されたのは天保十四年六月二十日のことでしたが、烈公は早くから医師の養成の大切なことを考え、各地に医師の養成機関を設置しますが、天保元年（襲封の翌年）四月、早くも医師の学術試験を実施し、その翌月には佐藤吉端（平三郎・忠陵）の役職を解いて、本草（草木土石魚鳥などの薬用に用ゐる品）に関する書物の注釈に専念することを命じ、且つ「誰にも分り、且つ人の為になるように注釈することと、分らぬことは分らないとはっきりさせて曖昧なものを残さないこと」を条件としました。（この書物は「山海庶品」と名付けられ、蘭学者を含む多くの人の手によって研究増補されて、天保八年には千巻に及ぶ大部となっていた（小宮山昌秀日記）が、惜しい哉明治元年の兵火に罹って焼失した。）また、三年四月には医師の中の俊秀を撰んで蘭学（オランダ語による西洋文明の摂取手段）を学ばせ、また実力のある郷村の医師を抜擢して表医師（おもていし＝藩医）とするなど、医術の普及向上に勉め、また種痘の法を導入して藩内に普く施行させるなど、大いに努力しております。弘道館の敷地内には薬草園や養牛場も設けられましたし、牛乳の飲用も勧めております。また、自ら薬法書の集輯に勉め、「景山薬方」「仙伝危法」などを編纂し、新薬の製造もおこなっています。詳しくは『水戸藩史料』（別記下）および石島績氏著『水戸烈公の医政と更生運動』などを参照してください。

ところで、この賛天堂記を卆然《そつぜん》として読みますと、なにか外国の医術を拒否しているようにも聞えますが、それは烈公の真意ではないことは、前述のように蘭学の摂取に熱心であったことからも諒解出来ましょう。

烈公の西洋への関心は、医学のみに留まりません。洋式大砲の鋳造は人の良く知る所ですが、連発銃の試作、水中から発射する大砲の研究、西洋の技術を取り入れた軍艦の建造、さらには、西洋の兵法の研究による独自の陣法の工夫など、迫りくる外国勢力に対抗するために、進んで西洋の戦法や兵器の研究を進めました。現在の弾丸では普通である椎実型の銃丸の製作も行われ、現在常磐神社の義烈館に展示されている銃弾は、初期的なものではありますが、烈公の研究の中から独自に工夫されたものであって、西洋で普及するよりも若干早かったと言われています。烈公は様々な機器の工夫に優れた才能を発揮しています。たとえば、現在水戸市の東照宮に残されている「安神車」は、銃撃戦を想定した戦車というべきものです。

烈公が言いたかったことは、「弘道館記」の中にもありますように、「人ニ取リテ以テ善ヲ為ス」ことはむしろ奨励されることでありますが、**「神州ノ道ヲ奉ジ西土ノ教ヲ資ル」**ことが大切なのであって、徒らに外国を喜んで我国を貶す根性が問題なのです。

烈公の詠と伝える歌に、

敷島の大和錦《やまとにしき》に織りてこそ　唐紅《からくれない》の色も映《は》えあれ

というのがあります。

このこころは、あくまでも日本人としての主体性を忘れずに外国の優れたところを取り入れ学び、研究工夫を重ねて我が国の薬籠中のものにすることによって一層の価値を生む、それが学問研究の本旨であるということでしょう。

元東京帝国大学教授平泉澄博士はこの記文を評して、

「公の深き慮の一例として、予輩のかねてより感嘆やまざるものは、賛天堂の記である。文は遒頸《しゅうけい》にして簡単、僅々六百余字を列《つら》ぬるに過ぎないが、含蓄するところ極めて多大であつて、之を演繹《えんえき》すれば、我が国貿易の歴史の概説であり、日本的生活の主張であり、固有医方の論説であり、物質の上に於ける独立独歩の企画であり、神国の真面目を発揮しようとする構想であつて、目ざすところ至つて遠しといはなければならぬ。」（石島績著『水戸烈公の医政と厚生運動』序）

と述べておられます。

この「賛天堂の記」は、極めて簡潔な文章でありますが、内容は、自主独立への道の探究という重大な提言であって、まことに大文章といってよい一文です。

孟軻論

—合理的な批判精神—

藤田彪（東湖）

（筆者略伝）

藤田東湖（一八〇六～一八五五）は幽谷の子で、名は彪《たけき》、通称虎之助。父幽谷が一時期を除いてその生涯の大部分を史館で過ごしたのに対して、東湖は、そのはじめこそ史館にあったものの生涯の大部分を、烈公の側近として政務に尽瘁《じんすい》しました。一時期幕府の嫌疑を受けて失脚しますが、ペリーの来航と共に復帰し、江戸に在って多くの志士たちと交流して東湖先生と仰がれましたが、安政二年の江戸大地震で母親を助けようとして圧死されました。著書に「弘道館記述義」「回天詩史」「常陸帯」など。またその詩「正気歌」は広く知られて愛誦されています。

孟軻論

吾毎丁讀二孟軻之書一、觀丙其説乙王道甲、深痛二孔子之志孤一、也遂有レ知二其道決不レ可レ用二於神州一矣。

（読み下し）

吾、孟軻《もうか》ノ書ヲ読ミテソノ王道ヲ説クヲ観ル毎ニ、深ク孔子ノ志《こころざし》孤ナルヲ痛ミ、也《ま》タ遂ニソノ道ノ決シテ神州ニ用フベカラザルヲ知ル有リ。

（語釈）

也＝文中「深痛㆓孔子之志孤㆒也遂」とある也の字は、普通には文章の区切りを意味する文字であるが、「また」と読んで軽い発語の辞に用いることがある。『東湖全集』では、也の下に句点があるが、落ち着かないのでいま句点の位置を替えて読んでみた。

（釈文）

私は孟軻の書（「孟子」）を読んでその王道を説いているところを読む度に、孔子の志が孤独であることを、心から痛ましく思うのであります。そうして、結局のところ、孟子の説く王道なるものは、決して我が神州に適用してはならないものであることを確信するのであります。

（解説）

孟子（前三七二？～前二八九？）は、古くから孔子と並んで聖人と貴ばれ、その言行を記した書である『孟子』は、シナのみならず、我が国でも重んぜられて来ました。この孟軻論の一文は、その孟子の思想を、その根本において批判した大文章であって、東湖の学問の根本を明らかにしたものであり、且つ、所謂水戸学と云うものの根本は、この一文に尽きるといっても過言ではないと思います。

孟軻は、普通に孟子と呼んでいる人物であり、軻はその名です。孔子、孟子、朱子などというときに用いる「子」の字は、目上・師匠・徳の在る人などを意味し、尊重・尊敬の意を表わしますが、孔丘といい孟軻といい、また朱熹などと呼び捨てにしますときは、尊敬の意味はありません。あえて孟軻といったのは、『孟子』という書物、その思想を、批判を含む議論の対象とした為です。

また、神州といいますのは、いうまでもなく我が日本国を指しています。我が国は、神の建てられた国であり、神の守り給う国、即ち神国であるということは、古来よりの日本人の信念です。例えば、『令』の公式令に、大事を以て諸外国に宣する場合の詔勅の始めは、「明神御宇日本天皇詔書」（アキツミカミトアメノシタシラススヘラカヲホミコトラマトと読みます）で始まるものと規定されていることは、天皇が神と共にこの国を治められることを宣言しており、また、中世においては、源頼朝も日蓮上人も、我が国は神国であることを疑わず、文永七年の蒙古国への返牒には、**「皇土を以て永く神国と号す、知を以て競うべきに非ず、力を以て争ふべきに非ず」**とあり、『神皇正統記』が「大日本者神国也」で始まっていること等は、良く知られていることです。

文の最後の矣の字は、文の終に付ける文字（これを歇字―けつじ―といいます）で、置字ともいって訓読はしません。「也」と同じとされますが、也よりもやや強く、「～ナノダ」と断定する気分を表わします。

夫聖人之教莫レ重二於彝倫一。彝倫敍、則三綱尊嚴、上下乂安、彝倫斁、則弑虐相踵、天下昏亂。是理之昭然著名、亘二萬世一而不レ可レ易者也。

（読み下し）

ソレ、聖人ノ教ヘハ彝倫《いりん》ヨリ重キハ莫《な》シ。彝倫敍スレバスナハチ三綱尊厳ニシテ上下乂安《がいあん》、彝倫斁《やぶ》ルレバスナハチ弑虐《しいぎゃく》アヒ踵《つ》ギ天下昏乱ス。コレ理ノ昭然著名、万世に亙《わた》ツテ易《か》フベカラザルモノナリ。

〔語釈〕

敘＝叙の本字。「ついず」とも読む。もともとは定められた位置につけることを意味し、順序が正しいことをいう。

乂安＝ガイアン。治まって安らかなさまを指す。

斁＝音はエキ。やぶれる、くずれること。

弑逆＝臣子が君や親を殺す、すなわち倫理道徳に反する大罪。

踵＝音はショウ。つづく。

〔釈文〕

いったい、聖人の教えは多岐に亘りますが、その中で最も重視しているのは「彝倫」（＝道徳）であります。道徳が正しく明瞭に行われておれば、君臣・父子・夫婦の道も立派に守られて、天下は治まって平安であります。しかし、道徳が崩れますと、権力闘争による殺戮は次々と起こり、天下は混乱に陥り、人々の生活は脅かされるのであります。このことは、理屈の上からも全く明瞭ではっきりしていることであって、いつの時代になっても不易の真理であります。

〔解説〕

彝は常という意味ですから、人の常に守らなければならない道ということで、それが、具体的な人間関係に現れるときにはそれぞれの在り方として規定され（＝叙）ます。シナでは五倫といって、父子・君臣・夫婦・朋友・長幼の五つの関係を人倫の基本と考えており、この五つの関係を、孝・忠・別・信・序といふ文字で表わします。三綱の「綱」は大きなつなの意味で、君臣・

父子・夫婦の三つの関係を指し、この関係を人倫の基本とするのです。この三つの関係は、人間相互の関係性の中で最も基本となるもでありますから、この三者が正しいならば、社会は安定するのです。

三綱五常というと、君臣・父子・夫婦と仁・義・礼・智・信をいいます。『弘道館記』で「道トハ何ゾ。天地ノ大經ニシテ生民ノシバラクモ離ルベカラザルモノナリ」と述べているのも全くこの意味です。

孔子生㆓於衰世㆒、常歎㆓周道之不㆑振。
其於㆓君臣之義㆒、蓋尤致㆑意焉。

（読み下し）

孔子ハ衰世ニ生レ、常ニ周道ノ振ハザルヲ歎ク。ソノ君臣ノ義ニ於ケル、蓋《けだ》シ最モ意ヲ致セリ。

（語釈）

蓋＝推量の意を表わす文字で、「思うに」「考えてみるに」という気分。

焉＝これも歇字ですが、これは「〜ナノダナア」と、やや咏嘆の意を含む文字。

（釈文）

孔子は、周室の衰えた時代に生れ、周の道（道徳による政治）の振わないことを終生の悲しみとしたのでありますが、そのような時代をなんとかしようとして、その為に、私の見るところでは、君臣の義を明らかにするということに最も重点を置いたのであります。

（解説）

孔子は道徳の衰えを嘆きましたが、道義再興の根本は、周の王室をあくまでも主君とたてて、すべ秩序の根本とする、すなわち君臣の道を正すことにあると考え、そしてこの問題についてはもっとも深刻に考えた、というのです。三綱の中で、父子と夫婦の関係はいわば私的な関係の中での道徳ですが、君臣の関係は国家社会の秩序の根本に関係するものです。今日私と公との関係が問題視されていますが、聖徳太子の『十七条憲法』にも、**「私ニ背《そむ》キテテ公ニ向フハコレ臣ノ道ナリ」**とあります通り、「私」ばかりを主張していると、その私が通らない時には必ず憾《うらみ》が起り、他人と忤《さから》うことになるものです。

嘗窺瞻㆓其言論之跡㆒、於㆓泰伯㆒也、稱以㆓至德㆒、於㆓武王㆒也、曰未㆑盡㆑善也。言雖㆑微、而其旨深矣。於㆓夷齊㆒、則曰求㆑仁得㆑仁、又何怨。於㆓由與㆑求、則曰弑㆓父與㆑君、亦不㆑從也。其言顯然、其旨直見。其所㆘以重㆓彜倫㆒垂㆗訓戒㆖、何其切々也、

（読み下し）

嘗《こころみ》ニ窺《ひそ》カニソノ言論ノ跡ヲ瞻《み》ルニ、泰伯ニ於ケルヤ、称スルニ至徳ヲ以テシ、武王ニ於ケルヤ曰ク、未ダ善ヲを尽サザルナリ、ト。言微ナリトイヘドモ、シカモソノ旨ハ深シ。夷斉ニ於ケル、スナハチ曰ク、仁ヲ求メテ仁ヲ得タリ、マタ何ヲカ怨ミン、ト。由ト求トニ於ケル、スナハチ曰ク、父ト君トヲ弑《しい》スルハ、マタ従ハザルナリ、ト。ソノ言顕然、ソノ旨直チニ見《あら》ハル。ソノ彝倫ヲ重ンジ訓戒ヲ垂ルル所以《ゆえん》、何ゾソノ切々タルヤ。

（語釈）

瞻＝セン。仰ぎ見る。慕い貴ぶ。見や観ではなく、慎みの意味をこめた文字使い。

籍＝シャ。かこつける、口実とする意。

泰伯＝殷時代の人。古公亶父《ここうたんぽ》の長子。呉の始祖となる。亶父が末弟の季歴を立て、王統をその子の昌に及ぼそうとしたので、次弟仲雍と刑蠻に奔った。

武王＝西伯昌の子で殷を滅ぼして周を建てた。湯武放伐というのは、夏王朝を倒して殷を立てた湯王とこの武王と二つの革命をいう。

夷齊＝伯夷と叔齊
由と求＝孔子の弟子である仲由と冉求。季子然に仕えた。（論語・先進）

（釈文）

いま、私の立場で孔子の言論の跡を謹んで丁寧に検討して見ますと、泰伯という人の生涯を評しては「至徳」といい、武王については「未だ善を尽くしたとは言い難い」と云っております。その評価の言葉は微妙でありますが、その意味するところは深刻であります。伯夷《はくい》・叔齊《しゅくせい》については、「仁ヲ求メテ仁ヲ得タリ、マタ何ゾ怨マン（至高の道を求めて至高の境地を得たのであるから、どうして怨むことがあらうか）」といい、また、仲由《ちゅうゆう》と冉求《ぜんきゅう》を家來にした李子然が、彼等は家來であるから命令には何でも従うか、と聞いたのに対して、「彼らは私の弟子ですから、君と父を殺せという命令には従いません」と云っております。君臣の関係のありようについてのこれらの言葉ははっきりしておりますし、何等の疑念を挾む余地はありません。君臣の義を重んじ懇々と教え戒めること、なんと切実でありましょう。

（解説）

竊という字は、他人にしられぬようにという意味ですから、ここでは、公の議論ではなく私的な研究というくらいの意味になります。瞻は仰ぎ見る意ですから、単に見る、検討するということではなく、孔子を尊敬していることを示しています。

泰伯（太伯・たいはく）も武王も、共にシナにおいて聖人と仰がれてきた人物です。泰伯は殷の時代の人で、諸侯の一人である古公亶《せん》父という人の長子でしたが、亶父が一番下の弟を世嗣とすることを望んだので、国を去って荊蛮（けいばん、南方の呉の地）に赴いたのですが、荊蛮の人々がその義に感じて、立てて王としました。これが後の春秋時代の呉国の始まりであると伝えられています。ちなみにこの泰伯が国を建てたところが、江蘇省無錫県の東南、梅里郷であり、水戸光圀（義公・水戸黄門）がこの人の事績を慕って、梅里と号したことは良く知られており、また、伯夷・叔斉については、江戸（東京）の後樂園に「得仁堂」を建て、伯夷・叔斉の像を祀ってその徳を偲《しの》んでいます。「得仁」は孔子の言葉から採ったのです。義公が十八歳の時に『史記』の「伯夷伝」を読んで修史に志をたてたということは、あまりにも有名です。

また、古公の跡を継いだ季歴の子が昌で、後に西伯となり、殷の国の三公といわれる地位に上り、後に文王と諡《おくりな》されますが、その勢力が強大である上に人民から慕われていることを妬んだ紂王によって、罪なくして獄に下されます。はるか後の唐の時代になって、この折の昌が、罪におとされながら全く主君である紂王を憾むところがなかったことに感激した韓愈（退之）は、「拘幽《こうゆう》操《そう》」と題した詩を作りました。

文王羑里作（文王羑《ゆう》里《り》ニシテ作リタマヘリ）
目窅窅兮其凝其盲（目窅窅《ようよう》タリ　其レ凝《こ》リ其レ盲《めしい》ヌ）
耳肅肅兮聴不レ聞レ声（耳肅肅《しょうしょう》タリ　聴ケドモ声ヲ聞カズ）
朝不二日出一兮夜不レ見二月与一レ星（朝ニ日出デズ　夜ニ月ト星トヲ見ズ）
有レ知無レ知兮為レ死為レ生（知ルコト有リヤ知ルコト無キヤ　死セリト為ンヤ生ケリト為ンヤ）
嗚呼臣罪当レ誅兮天王聖明（嗚呼臣ガ罪ハ誅ニ当レリ　天王ハ聖明ナリ）

という詩です。羑里《ゆうり》は殷の時代の監獄の名称です。兮は置字。この詩は韓愈が昌（文王）の心境を推し量り、文王に代わって作った詩ですが、ここに述べられた文王の境地を臣としての至高の境地として称揚し尊重したのが、我が国の山崎闇斎でありました。操《そう》というのは、琴に合わせて歌う歌をいいますが、閉塞憂愁に遭って作られたものを特に操と名付ける、それは、災いによる困厄窮迫の中に在ってなお礼儀を失わず道を楽しんでそのこころざしを失わないことを操というからだ、と『史記』は解説しています。

伯夷・叔斉は、孤竹君の子でありますが、父の孤竹君が次男の斉を愛して国を譲ろうとしましたので、夷は長子でありながら父の意であるからと言って家を出ます。すると、兄に申訳なく道が立たない、と言って斉も家を出てしまいます。それで孤竹君の跡は中の子がつぐことになります。一口に伯夷・叔斉と云ひますが、伯・仲・叔・季は兄弟の順序を表わす文字です。

家を捨てた兄弟は、西伯昌が善政を敷いていると聞き、西を目指しますが、途中で西伯が死に、その子の発が革命の軍を興したのに出合い、この遠征軍の前に立ちはだかって暴挙を諌めますが果たさず、発はとうとう殷を滅ぼして周を建国しました。これが周の武王です。二人は首陽山に隠棲して、周の粟を喰《は》まずといって絶食して果てます。この首陽山が別名西山といい、これまた水戸義公が隠棲後の号であり、その住居はこれに因んで西山御殿、西山の山荘などと呼ばれていました。その跡地は、現在「史跡西山御殿跡（西山荘）」として国の文化財に指定されています。

由と求というのは、孔子の弟子の仲由《ちゅうゆう》と冉求《ぜんきゅう》のことで、この二人は季子然《きしぜん》に仕官しました。孔子の弟子達は師の奨めを得て諸侯に仕官しています。季子然は春秋時代の魯の大夫で、周公よりも富んでおり、僭上の振舞いのあった人です。冉求は気が弱く、これを咎めることが出来ませんでした。孔子は、この二人は私の弟子であるから、君や親を殺す大逆無道は、たとえ命令されても実行しません、と答えたというのです。このことは『論語』先進編に出ている話です。

公山不狃之召也、欲㆔藉以起㆓周道㆒。陳恆弑㆑君也、欲㆔討㆑之以伸㆓大義㆒。雖㆓身不㆑在㆓其位㆒乎、其所㆘以嚴㆓名分㆒、尊㆗周室㆖者、亦何汲々也。道之不㆑行、終身遑々、遂發㆓其志於春秋㆒。蓋其意未㆓嘗莫㆑俟㆓於後來㆒也。

（読み下し）

公山《こうざん》不狃《ふじゅう》ノ召スヤ、藉《か》リテ以テ周道ヲ起サント欲ス。陳恒《ちんこう》ノ君ヲ弑《しい》スルヤ、コレヲ討チテ大義ヲ伸ベント欲ス。身ソノ位ニ在ラズトイヘドモ、ソノ名分ヲ厳ニシ周室ヲ尊ブ所以ノモノ、マタ何ゾ汲々《きゅうきゅう》タル。道ノ行ハレザルヤ、終身遑々《こうこう》、遂ニソノ志ヲ春秋ニ発ス。蓋シソノ意未ダ嘗テ後來ニ俟《ま》ツ莫《な》クンバアラザルナリ。

（語釈）

藉＝シャ。かこつける。口実とする。

陳恆＝斉の大夫。簡公を弑す。孔子、哀公に告げて之を討たん事を乞う。

遑々＝落ち着かないさま。

（釈文）

公山不狃が孔子を召抱えようとしたときは、取敢えず仕官し、その立場を利用して周の道を再興しようと考えたし、陳恆（斉の大夫）がその主である簡公を殺したときには、断じて許さじとして哀公に討伐を進言して大道をあきらかにしようとしました。以上のように、自分が政府の然るべき立場にいるわけでもないのに、こと名分に関わることと周の王室を尊重することに関しては、まことに汲々たるものがありました。道が行はれないことを己の責任として生涯落ち着かず、とうとう春秋という書物を著してその志を明らかに述べました。思うにそれは必ずや後世に志を継ぐ者があることを期待したからに違いありません。

（解説）

公山不狃は公山弗擾《こうざんふつじょう》とも書きます。公山は姓。逆臣陽虎と結んで三桓《さんかん》を除こうとして失敗した（『論語』の陽貨編にある）。『春秋』は孔子が編纂したと伝えられる魯国の年代記です。

ここまでは『論語』によって孔子の志を明らかにしました。

孔子既沒、周室益微、至於威烈愼靚之間、而衰弱極矣。弑父弑君者、所在有之、諸子百家、異端邪說、又紛然雜出其間。

（読み下し）

孔子既ニ沒シ、周室益々微ニ、威烈《いれつ》・愼靚《しんせい》ノ間ニ至リテ衰弱極レリ。父ヲ弑シ君ヲ弑スル者所在ニコレ有リ、諸子百家、異端邪説、又紛然ソノ間ニ雑出ス。

（釈文）

孔子が亡くなって、周の王室はますます衰微し、威烈王、愼靚王の頃にはもはや全く衰えてしまい、親殺し主君殺しは至るところで行われ（＝道は廃れ）、また、諸子百家と呼ばれるように、儒学以外の様々な思想や主張が入り乱れて定まるところを知らないようになりました。

當是時、孟軻獨學聖人之道、述先王之德。其宏才雄辯、亦固足以風靡一世。所謂孔子之俟於後來者、軻而不任、則孰復能之。爲軻者、誠宜奉孔子之遺意、明春秋之大義、苟宜可以扶彝倫、尊周室者、汲々爲之、不遺餘力、

（読み下し）

コノ時ニ当リ、軻、独《ひと》リ聖人ノ道ヲ学ビ、先王ノ徳ヲ述ブ。ソノ宏才雄弁モマタ固《もと》ヨリ以テ一世ヲ風靡スルニ足ル。所謂孔子ノ後来ニ俟《ま》ツ者、軻ニシテ任ゼザレバ、スナハチ孰《たれ》カ復《ま》タコレヲ能クセン。軻タル者、誠ニ宜シク孔子ノ遺意ヲ奉ジ、春秋ノ大義ヲ明ラカニシ、

（釈文）

このような時に孟軻は、ただ一人聖人の道（＝孔子の教え）を学び、堯・舜・周公の政治のすばらしさを説きました。その豊かな才能と優れた弁舌とは、まさに一世を風靡することが可能であり、孔子が、その志を継ぐことを期待した人物とは、まさに孟軻その人であって、彼が引受けなければ、一体誰がよく孔子の遺志を継げるというのでしょうか。孟軻たる者、孔子の真精神を継承して春秋に述べられた大義を明らかにし、道義道徳の振興に務め、周の王室を尊ぶことに専念して、力を使い果たすようでなければならないはずであります。

今也不レ然、開レ口則談二王道一、要二其説之所一レ帰、不レ過レ使三齊梁之君王二於天下一而已。嗚呼周室雖レ衰、尚有二正統在一焉。軻生二於周之世一、食二周之粟一。何心能忍而發二其説一耶。

苟《いやしく》モ以テ彝倫ヲ扶《たす》ケ、周室ヲ尊ブベキモノ、汲々トシテコレヲ為シテ余力ヲ遺《のこ》サザルベシ。

（読み下し）

今ヤ然ラズ。口ヲ開ケバスナハチ王道ヲ談ズルモ、ソノ説ノ帰スルトコロヲ要スルニ、斉梁ノ君ヲシテ天下ニ王タラシムルニ過ギザルノミ。嗚呼、周室衰ヘタリトイヘドモ、ナホ正統ノ在ル有リ。軻、周ノ世ニ生レ周ノ粟ヲ食《は》ム。何ノ心ニカ能ク忍ビテソノ説ヲ発スルヤ。

（釈文）

しかし孟軻はそうではなかった。彼は口を開けば王道を説いたが、その説の帰結は、要するに齊や梁の支配者を（周室に代って）天下の支配者にしようとするに過ぎないのでした。嗚呼、たしかに周室は衰微の極にあり実権は無いに等しかったが、しかしその王は正統の天子であります。孟軻は周の時代に生れて周のお蔭で生きて居るのに、どうして心に何の痛みもなく、このような説（齊や梁を周にとって代らせようとする説）を説くのでありましょうか。

抑軻稱㆓道文武㆒、則其將㆑使㆘齊梁之君、三㆓分天下㆒有㆓其二㆒、以服㆗事周㆖歟。抑亦將㆑使㆘其爲㆓牧野之戰㆒、定㆗天下於一擧㆖耶、

（読み下し）

抑《そもそ》モ軻ノ文・武ヲ称道スルハ、スナハチ其レマサニ斉・梁ノ君ヲシテ天下ヲ三分シテソノ二ヲ有《たも》タシメ、以テ周ニ服事セシメントスルカ。抑モ亦マサニ其《か》ノ牧野ノ戦ヲ為シテ天下ヲ一挙ニ定メシメントスルカ。

（語釈）

称道＝褒めていう。道は言うという意味。

牧野＝地名。武王と殷との決戦の地。

(釈文)

そもそも孟軻が文王・武王を盛んに称《たた》えるのは、齊や梁の王に天下の三分の二を支配させてその力を以て周室を支えようとする計略なのであるか、それとも武王が殷を殪《たお》した牧野の戦のように、革命によって一挙に天下を平定させようとするのでありましょうか。

(解説)

「三分天下有其二」という句は、『十八史略』にも用いられていて、西伯昌（周文王）の勢力を表す常套句ですが、昌はそれだけの勢力を持ちながら紂王による処罰を甘受して、臣下としての節度を守り通したことで有名であり、前にも記しましたが、唐の韓愈（退之）はその心境を「拘幽操」という詩に詠いました。此の詩を、忠の極地として殊に尊重したのは我が国の山崎闇斎の学統の人々です。

當時周王、未レ聞レ有二殷紂之暴一。而宣恵之不レ可レ爲二文武一、不三必俟二智者一而知也。而軻欲レ使下宣恵成二文武之業一、周王處中殷紂之地上。周王亦非二文武之胤一邪。軻何厚三於信二文武一、而薄三於報二文武一、輔二宣恵一之至、而不レ知二宣恵一之甚也。

(読み下し)

当時周王、未ダ殷紂ノ暴有ルヲ聞カズ。シカウシテ宣・恵ノ文・武タルベカラザルハ、必ズシモ智者ヲ俟《ま》タズシテ知ルナリ。而ルニ軻、宣・恵ヲシテ文・武ノ業ヲ成サシメ、周王ヲ殷紂ノ地ニ処《お》ラシメント欲ス。周王モマタ文・武ノ胤（＝子孫）ニ非ズヤ。軻、何ゾ文・武ヲ信ズルニ厚クシテ文・武ニ報ズルニ薄ク、宣・恵を輔《たす》クルノ至リテ宣・恵ヲ知ラザルノ甚シキヤ。

文武＝周の文王と武王
宣恵＝齊の宣王と梁の恵王

（語釈）

殷紂＝殷の最後の王である紂のこと。

（釈文）

当時、周王は殷の紂王のような暴政を行ったとは伝えられておらず、且つ、齊の宣王や梁の恵王が、あの周の文王や武王のような徳を備えていないことは、誰の目にも明らかなことでありま す。しかるに孟軻は宣王・恵王に文王・武王の仕事をさせようとし、周の王を殷の紂王と同じ立場に置こうというのであります。しかし、周の王は文王・武王の子孫ではありませんか。孟軻は、どうして文王・武王を高く評価しているのに、文王・武王に対して冷たく、宣王・恵王を盛んに担ぎ上げながら、宣王・恵王を全く理解していないのでありましょうか。

且夫齊桓晉文之事、不三必莫二可レ議者一。然桓文猶能尊二王室一、糾二合諸侯一。今田氏魏氏嘗事二桓文一者也。子孫強僭、簒二其國一而有レ之、實名教之所レ不レ容。軻平生貴二仁義一、賤二霸術一。而無三一語及二名分一、迺反欲三隱然移二周室之鼎於田魏強僭之國一。其爲レ仁爲レ義果何物。假使二桓文而在一、則鳴レ罪討レ之、將不レ旋レ踵。軻豈暇三於賤二霸術一乎哉。由レ是言レ之、軻之王道、非二孔子所レ與也亦明矣。

（読み下し）

且ソレ斉桓・晋文ノ事、必ズシモ議スベキモノ莫キニアラズ。然レドモ桓・文ハナホ王室ヲ尊ビ、諸侯ヲ糾合ス。今ノ田氏・魏氏ハ嘗テ桓・文ニ事《つか》ヘシ者ナリ。子孫強僭、ソノ国ヲ簒《うば》ヒテコレヲ有スルハ、実ニ名教ノ容《ゆる》サザルトコロナリ。軻、平生仁義ヲ貴ビ、霸術ヲ賤シム。シカルニ一語ノ名分ニ及ブ無ク、スナハチ反《かえ》ツテ隠然周室ノ鼎《かなえ》ヲ田・魏強僭ノ国ニ移サント欲ス。ソノ仁タル義タル、果シテ何物ゾ。仮ニ桓・文ニシテ在ラシメバ、スナハチ罪ヲ鳴ラシテコレヲ討ツコト、将ニ踵《きびす》ヲ旋ラサザラン。軻、豈《あに》霸術ヲ賤シムニ暇《いとま》アランヤ。是ニ由ツテコレヲ言ヘバ、軻ノ王道ハ孔子ノ与《くみ》スル所ニ非ザルヤマタ明ラケシ。

〔語釈〕

仮使＝辞書には仮令に同じとあり「東湖全集」でも返り点はない。「モシ桓文ニシテ在ラシメバ」と読んでも良いと思うが、少し意味を強める意味で、訓下しのように読んでみた。

齊桓晉文＝齊の桓公と晉の文公

田氏魏氏＝力で斉・晋を乗っ取った二者。

強僭＝いきおいが強く我儘なこと。

簒＝よこどりする。「逆取ヲ簒トイフ」とある。下より上のものを奪い取る。奪は与の反對、強いてひったくり取ること。

周室の鼎＝鼎は伝国の宝器。天位の象徴。

〔釈文〕

いったい、斉の桓公や晋の文公については、（道義の上からは）問題とすべき点も多いのではありますが、しかし、桓公や文公は周の王室を尊び、周の王室の下に天下の諸侯を糾合して、天下の平定を計ろうとしました。ところが今の斉王は嘗て桓王の臣下であった田氏であり、晋もまた文王の臣下であった魏氏が王になっています。子孫がその身分を越えて勢力を伸ばし主君の国を簒奪（＝力を以て奪い取ること）したのであります。これは実に名教（＝聖人の教へ・道徳）の上から許されないことであります。しかるに孟軻は、平生には仁義を尊んで霸術を賤しむといいながら、一語も名分に及ぶことなく、それどころか竊かに周を滅ぼして、田氏や魏氏のような奢りたかぶった者が支配する国にとって代らせようと考えているのであります。孟軻が説くところの仁義とはいったいどのようなものなのでありましょうか。若し桓公・文公がこの時代に生きていたならば、間髪を入れず、直ちに田氏・魏氏の罪を鳴らしてこれを討伐するでありましょう。孟軻が霸術をけなしている暇などありはしません。このように次第でありますから孟軻の云う王道は、孔子の説いた王道とは似て非なるもの、孔子は絶対に認めないものであることは明らかであります。

(解説)

一転して、孟子の考えが自己矛盾であることを指摘しています。

このところの論旨は実に明快であり気魄に富んだ一文です。孟子も一言の反論も出来ないことでしょう。周室の鼎というのは、伝国の宝器であり、鼎は正統な天子の象徴です。

蓋孔子之遺意、軻優知レ之。而軻不レ繼也。軻死而春秋之義不レ可二復伸一。昏亂之極、至三於胡秦呑二天下一而止。豈不二大可一レ痛哉。吾故曰、軻説二王道一、而孔子之志孤矣。

(読み下し)

蓋シ孔子ノ遺意ハ、軻ハ優ニコレヲ知ル。而シテ軻、継ガザルナリ。軻死シテ春秋ノ義復《ま》タ伸ブベカラズ。昏乱ノ極、胡秦《こしん》天下ヲ呑ムニ至リテ止ム。豈大イニ痛ムベキニアラズヤ。吾故ニ曰ク、軻、王道ヲ説イテ孔子ノ志孤ナリ、ト。

(釈文)

しかしながら、実のところ孟軻は孔子の真意を知らなかったのではない、十分に承知していたのです。しかし孟軻はこれを継承しなかった。孟軻が死にますと、世の中に春秋の大義を理解しこれを宣伝しようとする者は無くなり、世の中は極端に乱れて収拾がつかず、遂に野蛮未開の秦に征服されて、漸く諸侯濫立・闘争の時代が終るのであります。まことに不幸なことではありませんか。だから私は言うのです、孟軻はしきりに王道を説いたが、その王道は孔子の志とは乖離して居り、孔子の志は遂に誰一人として受継がなかった、と。

(解説)

秦は西方に興って急速に勢力を拡大した新興勢力であり、中原の国ではないので胡（＝北方の異民族）の秦国といったのです。戦国時代を統一したのは秦であり、その初代皇帝が始皇帝です。

王蠋有レ言曰、忠臣不レ事二二君一、烈女不レ更二二夫一。確乎其言。不二啻臣於レ君、婦於レ夫、雖下奴僕婢妾事二其主一之道上、亦宜レ若レ是。雖レ然以二蠋之言一、責二之於臣与婦一、則善矣。欲三悉責二之於奴僕婢妾一、則不レ能。其勢然也。

(読み下し)

王蠋《おうちょく》言ヘルアリテ曰ク、忠臣ハ二君ニ事《つか》ヘズ、烈女ハ二夫ヲ更《か》ヘズ、ト。確乎タリソノ言。啻《ただ》ニ臣ノ君ニ於ケル、婦ノ夫ニ於ケルノミナラズ、奴僕婢妾ノソノ主ニ事フルノ道ト雖モ、マタヨロシク是《か》クノ如クアルベシ。然リト雖モ、蠋《ちょく》ノ言ヲ以テコレヲ臣ト婦トニ責ムルハスナハチ善シ。悉クニコレヲ奴僕婢妾ニ責メント欲スルハスナハチ能《あた》ハズ。ソノ勢然ルナリ。

（釈文）

王蠋という人が申しました。忠義な臣下は二人の主君に仕えることはしないし、貞節を固く守る女性は、再婚をしないものだ、と。まことに其の通りであります。これは、ただ臣下の君に対する在りよう、婦人の夫に対する在りようというばかりでなく、下男や召使がその主人に仕へる態度としても、このように在りたいものであります。しかし、王蠋のこの言葉のような在りようを、臣下たる者や人妻に求めることは正しいのでありますが、これを、下男や召使に要求することは出來ない相談であって、それが、奴僕婢妾が奴僕婢妾である所以、彼らの実態だからです。

（解説）

王蠋といふ人は戦国時代の斉の人。斉が燕に敗れた時、燕の亜卿《あけい》であつた楽毅の招きを断り、敗戦の責任を取って自害しました。楽毅はその死を惜しみ、彼の墓に土を盛り重ねて敬意を表したといいます。王蠋のこの言葉は、日本ではあまねく知られ、人々の規範となってきました。

西土之爲レ邦、能言二彝倫一、而彝倫常不レ明、尤疎二君臣之義一。夫禪讓放伐、姑置不レ論。周秦以降、易姓革命、指不レ勝レ屈。人臣視二其君一、猶三奴僕婢妾之於二其主一、朝向夕背、恬不レ知レ恥、其風土然也。

（読み下し）

西土ノ邦タル、能ク彝倫《いりん》ヲ言ヘドモ彝倫常ニハ明ラカナラズ、尤モ君臣ノ義ニ疎《うと》シ。ソレ禅譲放伐ハ姑《しばら》ク置キテ論ゼズ。周秦以降、姓ヲ易ヘ命ヲ革《あらた》ム、指屈スルニ勝《た》ヘズ。人臣ノソノ君ヲ視ル、ナホ奴僕婢妾ノソノ主ニオケルガ如ク、朝向夕背、恬《てん》トシテ恥ヲ知ラザルハソノ風土然ルナリ。

【釈文】

シナ（西土＝支那）という国は頻りに道徳（＝彝倫）を云いますが、総体（その歴史に於ても）あまり道徳がいつでも必ず実践されている、とはいえません。なかでも、甚だしく（＝尤も）蔑（ないがしろ）にしているのは君臣の義であります。例の禅譲とか放伐とかいう古くから議論のあることに就いてはしばらく除外しても、周も秦も、それ以後も、歴史は革命の連続で、教えるのも大変なありさまであります。臣下たる者の、その主君に対する認識は、あたかも下僕や婢妾の、その主人に対する関係と同じであって、従うも叛くもその時次第、あっけらかんとして、これを恥じることがない。これはシナという国の風土によるのであります。

【解説】

禅譲というのは、優れた人物であれば姓が違っていても天子の位を譲ること、尭から舜へ、舜から禹へは禅譲です。禅は「ゆずる」と読みます。放伐は、武力を以て天子の位を奪い取ること、すなわち革命ですが、湯王と武王の革命だけは、あまりにも暴虐な君主に対するものであって、むしろ天命を代行したのだから革命に当らないとし、位から追い放つ意味で放伐といっています。本文で周秦以降と言っていることは、「武王の放伐」というけれども、実は革命であるという事を言外に匂わせているのかもしれません。

革命という言葉は revolution の訳語ではなく、本来の意味は文字通り天命が革《あらた》（＝改）まるという意味です。つまりシナ人の論理では、王朝は天命を受けた優れた人物が開くのですが、子孫がだんだんとダメになってくると、天はこの王朝を見離して、天命を新たな人物に下す。易姓というのは姓が変わるということで、天命を受ける人が変われば姓も変わります。例えば隋は楊氏、唐は李氏、宋は趙氏で、それぞれが天命を受けて新王朝を開いたとする考え方です。

なお、ここに「恬不レ知レ恥」とありますが、この恥という概念は、我が国では武士・町人を問わず特に重んぜられてきました。近年この感性が忘れ去られつつあることは誠に残念であります。

軻生二於其邦一、習二於其俗一、社稷爲レ重、君爲レ輕。不レ忍レ坐三視生民之苦二於塗炭一、乃慨然欲下興二起其王道一、以致中皐々之治上。在二西土一而言レ之、則其志蓋不レ足二深咎一。而後世奉二其書一、以與二孔子之書一並行者、亦其奴僕婢妾習俗之所レ致、固無二足レ怪者一。

（読み下し）

軻ハ、ソノ邦ニ生レソノ俗ニ習ヒ、社稷《しゃしょく》ヲ重シト為シ、君ヲ軽シト爲ス。生民ノ塗炭《とたん》ニ苦シムヲ坐視スルニ忍ビズ、乃チ慨然トシテソノ王道ヲ興起シテ、以テ皐々《こうこう》ノ治ヲ致サントスス。西土ニ在リテコレヲ言ヘバ、ソノ志蓋《けだ》シ深クハ咎ムルニ足ラズ。シカウシテ、後世ソノ書ヲ奉ジテ以テ孔子ノ書ト並ビ行フモノ、マタソノ奴僕婢妾ノ習俗ノ致ストコロ、固ヨリ怪シムニ足ル者無シ。

（語釈）

皐々＝皐は俗字、本字は皋。皋々は、かたくなで道理をしらないさま。頑固で盲目的なさまをいうので、ここには不適当。或は皞々の誤植か、または皐は皓に通じるので、皓々の意味なのか。『孟子』の尽心編に「王者之民皞々如也」とあり、意味は心がひろくゆったり落ち着いたさまをいうとあるから、皞々の誤植と考えておきたい。

（釈文）

孟軻はそのような国に生れ、そのような風俗の中で成長しましたので、国家（＝社稷）というものをその君の存在よりも重いものとして、人民が（政治の所為で）生活に苦しんでいるのを黙って見ていられず、（力のある者に）王道を實踐させて、民の為にゆったりと落ち着いた政治を実現しようとしたのであります。シナに於いてこの態度・方法を採ることは（前に述べたような風土の国であるから）、それほど厳しく咎め立てすることではなく、後世に孟軻の言行を記した書物（＝『孟子』）を、孔子の言行を記した『論語』と同等の価値のある書物として尊重するのは、その下僕や婢のような倫理観のためであって、もとより不審に思うことでもありません（シナならむしろ当然である）。

獨赫々神州、天地以來、神皇相承、寶祚之盛、既與㆓天壤㆒無㆑窮。則臣民之於㆓天皇㆒、固宜㆘一意崇奉、亦與㆓天壤㆒無㆖㆑窮。而腐儒曲學、不㆑辨㆓國體㆒、

（読み下し）

独《ひと》リ赫赫《かくかく》タル神州、天地以來、神皇相ヒ承《う》ケ、宝祚《ほうそ》ノ盛ンナルコト、既ニ天壌ト窮マリナシ。スナハチ臣民ノ天皇ニ於ケル、固《もと》ヨリヨロシ

徒眩二於異邦之説一、亦以二軻之書一與二孔子之書一並行、欲下以二奴僕婢妾一自處上、抑亦惑矣。

ク一意崇奉スルコト、マタ天壌ト窮マリナカルベシ。シカルニ、腐儒曲学、国体ヲ弁《わきま》ヘズ、徒《いたずら》ニ異邦ノ説ニ眩《まど》ヒ、マタ軻ノ書ヲ以テ孔子ノ書ト並ベ行ヒ、奴僕婢妾ヲ以テ自ラ処《お》ラント欲スルハ、ソモソモマタ惑ヘリ。

（釈文）

しかしながら、この誇るべき（＝赫々）我が神州は、天地開闢以來、当然のこととして、神々とその血を享けられた天皇が天子の位を受け継がれて変らず、天皇の御地位の揺《ゆる》ぎないことは、天地とともに窮まりないのであって、臣民たるもの、陛下に対しては当然のことながら、あくまでも（他念なく）天地の有らん限り尊崇すべきこと、これまた変らないのであります。しかるに、腐れ学者どもはこのような日本の国柄というものを弁《わきまえ》ず、なんの考えもなく外国の学説に眩惑されて、『孟子』という書物を『論語』と対等に尊重して、その結果、無自覚にも、下僕や婢《はしため》と同類であろうとするのであります。なんという考え違いでありましょう。

（解説）

我が国の国体（国柄・国を成り立たせている根本）を正しく知ることは、なによりも重要であります。それは自分自身の生き方の根本に関わるからです。「腐儒曲学、不弁国体」とありますが、実際は多数の学者が国体を弁えていない腐儒曲学として東湖の叱責を免れないのが現状です。曾て平泉澄博士がその著『万物流転』の中で、遊佐樸斎《ゆさぼくさい》と室鳩巣との論争を縷々《るる》紹介されましたが、林羅山や室鳩巣のような天下有名の学者が、実は国体を知らず、同じような過ちを犯しており、従って彼らは腐儒曲学そのもののなのです。このことは現代でも同様です。世間の評判や知識の多寡で人を測ってはなりません。

夫舟於レ水、車於レ陸者、自然之道也。若反レ之、則或苦或溺。以二用捨失レ所也。有二伊尹之志一、則可三以放二其君一、有二殷紂之暴一、則其臣視以爲二一夫一者、言二之於易姓革命之邦一、則或可也。苟言二之於萬古一姓之域一、則身遭二大戮一、名不レ免二叛逆一。其禍豈啻盪二舟於陸一、行二車於水一者之比哉。

（読み下し）

ソレ、舟ハ水ニ於テシ、車ハ陸ニ於テスルハ自然ノ道ナリ。若シコレニ反スルトキハ、スナハチ或ハ苦シミ或ハ溺ル。用捨所ヲ失フヲ以テナリ。伊尹《いいん》ノ志有レバスナハチ以テソノ君ヲ放ツベク、殷紂《いんちゅう》ノ暴アレバスナハチソノ臣、視テ以テ一夫ト為スハ、コレヲ易姓革命ノ邦ニ言フハスナハチ或ハ可ナリ。苟モコレヲ萬古一姓ノ域ニ言ヘバ、スナハチ身ハ大戮《だいりく》ニ遭ヒ、名ハ叛逆ヲ免レズ。其禍ハ、豈啻《あにただ》ニ舟ヲ陸ニ盪《うごか》シ、車ヲ水ニに行《や》ル者ノ比ナランヤ。

（語釈）

以為一夫＝『孟子』の梁恵王章句下に、斉の宣王が孟子に、湯王武王の行為は、臣下としてその主君を討伐するということになるが、これは正しいといえるのか、と質問したのに対しての答えは、「仁ヲ賊《そこな》フ者コレヲ賊トイフ、義ヲ賊フ者コレヲ残トイフ、残賊ノ人コレヲ一夫トイフ、一夫紂ヲ誅スルヲ聞ケリ、未ダ君ヲ弑スルヲ聞カザルナリ」であった。

万古一姓＝本当は無姓だが、シナの易姓に対して、日本の皇室が一系で続いていることを一姓と表現した。このことは、とかく等閑に付されがちだが、天子一姓、否、姓が無いということは、世界の驚異といえる。何故ならば、姓が無いということは、そもそもの歴史の始めから、他と区別する必要が無かったことを意味し、それだけ特別な、卓越した存在であったといえる。いつの間にか姓が消えてしまったのかもしれないが、若しそうだとしても、それはもはや、歴史として辿ることの出来ないほど古い古い昔の事といわなければならない。それほど、天皇という存在は世界で稀有《けう》の存在であり、それゆえに各国の元首・頭領達も天皇に対して特別の感情を抱いている。このことは、日本人として決して忘れてはならない。藤田東湖は。我が国を「天然の帝国」と言っているが、その言葉には、世界の国々が例外なくそうであるような、暴力や策謀によって出来た国ではなく、自然の秩序と共に誕生した稀有の国家である、という意味が込められていると思う。

大戮＝死刑

盪＝船を漕ぎ動かす意。

伊尹＝殷の時代の賢人で、湯王に招かれて仕え、夏の桀王を伐った人、つまり初めて革命の実行を補佐した人。

（釈文）

いったい、水の上を行くときは船に乗り、陸を行くときは車を用いるのは自然の道理であります。若しこれに反して水の上を車で行き、陸を船で行こうとすれば、水に溺れるか大変な苦労をするかどちらかであって、これは物の使い道を誤っているのであります。（従って）伊尹のような立派な人のやることであればその君主を引きずり下しても良いとか、殷の紂王のような暴逆な天子は、もはや天子とは云えない、ただの男に過ぎない、といって武王の革命を弁護するなどは、シナのような易姓革命の国においては、あまり感心しないことではあっても、それもまあ容認されるでありましょう。しかし、遠い昔から一姓の天子を戴いているこの日本国においてこのようなことを言えば、その身は死刑に処され、叛逆者の汚名を逋れることは出来ませんし、そのような言行の罪深く誤っていることは、陸の上に舟をはしらせ、水の上を車で行こうとするようなことと、較べることも出来ない程の大きな過ちなのであります。（＝陸を船で行き、水上を車で行かうとすることは完全な誤りであるが、それよりももっと甚しい。）

昔者奸僧道鏡、罪悪貫盈、敢覬㆓覦神器㆒。時明神憑㆑人曰、國家、君臣分定矣、以㆑臣爲㆑君、未㆓之有㆒也、天日之嗣、必立㆓皇緒㆒、無道之人宜㆓剪除㆒。於㆑是乎奸僧竄死、無㆓復遺類㆒矣。今推㆓軻之説㆒、

（読み下し）

昔者《むかし》奸僧道鏡ハ、罪悪貫盈《かんえい》、敢テ神器ヲ覬覦《きゆ》ス。時ニ明神、人ニ憑《よ》リテ曰ク、国家ハ君臣ノ分定マレリ。臣ヲ以テ君ト為スハ未ダコレ有ラザルナリ。天日ノ嗣ハ必ズ皇緒《こうちょ》ヲ立テヨ。無道ノ人ハ宜シク剪除《せんじょ》スベシ、ト。是ニ於テ

則以レ臣爲レ君之道也。神明之所レ不レ與也。天誅之所レ宜レ加也。吾故曰、其之道決不レ可レ用二於神州一矣。

カ奸僧竄死《ざんし》シ、復《ま》タ遺類無シ。今、輒ノ説ヲ推ストキハスナハチ臣ヲ以テ君ト為スノ道ナリ。神明ノ与《くみ》セザルトコロナリ、天誅ノ宜シク加フベキトコロナリ。吾故ニ曰ク、ソレコノ道ハ決シテ神州ニ用フベカラズ、ト。

（語釈）

貫盈＝至らないところがない。罪のおおきいことをいう。罪悪貫盈は、罪の極めて大きい事。

道鏡＝弓削道鏡。

覬覦＝窺覦。ひそかに身分不相應のことを願い望む。

明神＝この場合は宇佐八幡

剪除＝センヂョ。草を刈るように切り除く。

竄死＝追放されて死ぬこと。竄は、のがれる、島流しにする（流鼠）意。

（釈文）

昔、悪賢い道鏡という僧侶は、その罪至らぬところなく、とうとう天皇の位をひそかに望むに至りました。その時宇佐八幡の神（＝明神）が、人（和氣清麿）に取り憑いて申されました。「この国の君臣の分は決っているのであって、臣下が天皇になることは未だ嘗てあり得ない。天皇の位には必ず天皇の御血筋の方を御即《つ》けせよ。このような道理を弁えぬ者はすべからく取り除くべきである」、と。こうして道鏡は下野に流されて死に、同じようなことを企てる者はいなくなったのであります。孟軻の説を推し進めて行けば、これは臣たる者を君主にしようとする説であります。これは、宇佐明神の託宣に明らかなように、我国の神々の是認しないところであり、天誅の加えらるべきところであります。それ故に私は、「孟軻の思想は決して我国に適用することは出來ないのだ」、というのであります。

（解説）

道鏡は弓削道鏡（?～七七二）。稱德天皇の寵を得て太政大臣禪師・法皇となりました。ある人が、道鏡を天皇にすれば世の中がよく治まると神託があった、と申出たので、和気清麿が勅使として宇佐八幡へ遣はされ、改めて戴いた神勅が「国家君臣ノ分定マレリ云々」であります。道鏡はやがて下野の薬師寺に配流されて死にます。東湖は史実を挙げて、孟子の説く王道論が我国では認められないことを論証します。

然則軻之書可二悉廢一乎。曰、奚其然也。凡物有二利甚大而害亦大者一、水火是也。人皆虞二其燄々滔々之患一、而不レ廢二烹炊灌漑之用一者、惡二其害一而愛二其利一也。

（読み下し）

然レバスナハチ軻ノ書ハ悉ク廃スベキカ。曰ク、ナンゾソレ然《しか》ラン。凡ソ物ニハ、利ノ甚ダ大ニシテ害モマタ大ナル者アリ、水火コレナリ。人皆ソノ燄々滔々《えんえんとうとう》ノ患《わざわい》ヲ虞《おそ》ルレドモ、烹炊灌漑《ほうすいかんがい》ノ用ヲ廃セザルハ、ソノ害ヲ悪《にく》ンデ、シカモソノ利ヲ愛スレバナリ。

（語釈）

熄＝ソク。火の消えるさま。転じて、止みて亡くなる義。

（釈文）

それならば、「孟子」という書物はこれを悉く廃棄すべきでありましょうか。いいえ、そうではありません。物には役に立つ点も多いが（使い方によっては）損害も大きいというものがあります。水と火はまさにそれでありましょう。人々は全てを燃やしてしまう火災や、洪水による被害を恐れますが、煮炊きや灌漑に火・水を利用するのは、その害を憎むけれども実際の役に立つことを喜ぶからです。

（解説）

悪は甚だしく嫌がることで、反対語は好む。憎は愛の反対。ここでは孟子には極めて危険な議論があるが、一方で実に素晴しい見解もあるから、完全否定するのではなく、我々が日常に水や火を使っているようにうまく利用すべきである、と「孟子」の優れた点は大いに学ぶべきことを述べ結論に向かいます。

軻之王道、決不レ可レ用ニ於神州一。然至丁其存心養氣之論、治國安民之説、與丙彼辨ニ異端一熄ニ邪説一、以閑乙先聖之道甲者、則雖ニ孔子復生一必不レ易ニ其言一矣。取ニ於人一為レ善者、神皇之道。則軻之書。豈亦可ニ悉廢一耶、顧ニ取捨如何一耳。爲ニ孟軻論一。

（『新定　東湖全集』）

（読み下し）

軻ノ王道ハ、決シテ神州ニ用フベカラズ。然レドモソノ、存心養気ノ説、治国安民ノ説ト、彼《か》ノ異端ヲ弁ジ邪説ヲ熄《や》メ、以テ先聖ノ道ヲ閑ニスルトニ至リテハ、スナハチ孔子復《ま》タ生マルルト雖モ必ズソノ言ヲ易ヘザラン。人ニ取リテ善ヲ為スハ、神皇ノ道、スナハチ軻ノ書、豈マタ悉《ことごと》クハ廃スベケンヤ、取捨如何ヲ顧ルノミ。孟軻論ヲ爲《つく》ル。

（語釈）

閑先聖之道＝この句は「孟子」の滕《とう》文公下の公都子曰の章句に出て来る言葉で、閑という字は習うという意味もあるが、朱子が「閑ハ衛ナリ」と註しているのに従って、「守る・防衛する」意味にとるのが良いと思う。

また、「雖孔子復生必不易其言矣」の句は同じ章句に「聖人復起、不易吾言矣」とある句を受けてこれを肯定しているものと思う。

（釈文）

孟軻の説く王道は、絶対に我国に適用してはなりません。しかし、彼の説く「存心」や「養氣」の説、また国を治め民を安んずる方策、あるいは他の異端邪説を弁駁して堯・舜・孔子の道をよく守ったことなどは、孔子が再びこの世に現れたとしても、孟軻の言を善しとするでありましょう（＝孔子の精神に添っている）。他の善いところを採ってより善いものにするのは、我国の神代以来の伝統であります。でありますから、『孟子』に説かれたところも、なんでもかんでも否定すべきではありません。その採るべきところと棄てるべきところとを、しっかりと判断すれば良いのであります。以上が私の孟軻についての見解であります。

（解説）

孟子の説く王道は孔子とは異なる革命肯定説であるから、断じてわが国に適用してはならないこと、聖賢の書物であるからと言って盲従することなく、国体の上から否定すべきものは否定し、採用すべきものは採用することを再度強調して全体を締めくくっています。

存心養気ノ論は、例えば尽心《じんしん》編や公孫丑《こうそんちゅう》編など、ところどころにでてきます。孟子の議論の中でも注目すべき議論です。

「續東湖随筆」に、

余嘗作二孟軻論一、以爲下其所謂王道、決不レ可レ用二於神州一、讀者往々吐レ舌、然余意本非レ排二孟氏一、將下以明二國體民俗之異同一、使中童蒙知上レ所二向背一也、神州自神州、西土自西土、豈可二

混而一乎、（余、嘗テ孟軻論ヲ作ル。以テ、其ノイハユル王道ハ、決シテ神州ニ用フベカラズト為ス。読者往々舌ヲ吐ク。然レドモ余ガ意ハ本ヨリ孟氏ヲ排スルニ非ズ。将ニ以テ国体民俗ノ異同ヲ明ラカニシテ童蒙ヲシテ向背スルトコロヲ知ラシメントスルナリ。神州ハオノヅカラ神州、西土ハオノヅカラ西土、豈混ジテ一トスベケンヤ。）

と、孟軻論が人々を驚かした（＝吐舌）が、それは決して「孟子」を否定するものではない、とその執筆の理由を述べ、更に、余譲（戦国時代の晋の人）の復讐譚と韓信（漢王朝建国の功臣）の股くぐりの例を挙げて、その事績に対するシナの評価と我が国の評価の違いを述べて、孟軻論の趣旨を具体化しています。いま、煩を避けてその韓信論を略説してみますと、

「韓信の股くぐりの話は、シナにおいては、よく忍んだとしてこれを称賛するが、しかし、我が国においては、武士が街中を歩いていて、韓信の時のように暴漢が現れて、股をくぐれ等と云はれた時には、まさに決死の勇気を振って戦い、暴漢どもを一人も生きて還すことを許してはならない。甘んじて罵詈雑言を受けて、自分は韓信の故事に倣ったのだ、などといっても、いやしくも武士たる者の振る舞いとしては認められず、誰も相手にしてくれなくなるだろう。このように、国体や風俗が異なれば出処進退の価値判断も異なるのであって、このような例はいくらでもあり、我が国では我が国の道義・風俗に照らして個々に判断するということが大切なのだ。」

と述べております。物事は、世界一律ではありません。「神州は神州、西土は西土」、それぞれの国はそれぞれの歴史・風俗・国民性などにより、長い年月をかけて形成された価値観を持っており、それはいわばそれぞれの国の文化の根っことでもいうべきものを形成しているのです。現在の日本は、伝統的な世界観を敢えて無視して、西洋的な世界観を良いものとして受け入れていま

すが、果たして主体的な判断が加えられていると言えましょうか。

それにしても、『孟子』は四書の一であり、朱子（宋代の人）以来、『論語』と並んで儒学の経典の一つとされてきましたので、『孟子』をこのように批判することは、東湖だけの独壇場ではないとはいうものの、当時（江戸後期）に於いては特別なことでした。多くの学者がこのことに氣が付かず、例え氣が付いていても当時の学界の権威を憚《はばか》り、あるいは自分の身に危険が及ぶことを怖れて、殆んど何もいわなかった中で、このような明快な批判を陳述したことは、真実の勇気がなければ出来ないことです。これは水戸の学者が「大日本史」編纂の経験を通じて培った合理的な批判精神の表れと見ることが出来ると思います。

しかし、眼を広げてみれば、『孟子』の持つ革命肯定の思想（東湖の所謂孟軻の王道論）は、我が国においては、早くから批判的にみられていたことが知られています。

例えば、菅原道真の遺訓と伝えられる「菅家遺誡《かんけゆいかい》」には、

「凡ソ神国一世無窮ノ玄妙ナルコトハ、敢ヘテ窺ヒ知ルべカラズ。漢土三代周公ノ聖経ヲ学ブト雖モ、革命ノ国風、深ク思慮ヲ加フベキナリ。」（原漢文）

とあります。この書は遅くとも鎌倉時代には成立していると考えられています。

明の時代に著作された『五雑俎《ござっそ》』や『武備志』等の書物には、日本人はあらゆる書物や薬をシナから船送するが、『孟子』だけは持っていかない。それは、『孟子』を積んだ船は必ず転覆するからだ、という民間伝説を伝えているということです。このことは、松下見林《けんりん》の『異称日本伝』にも指摘されています。勿論、『孟子』は、寛平年間（八九一年頃）に著された『日本国見在《けんざい》書目録』に見えていて、早くから日本に渡って来ていますから、事実無根の伝説ですが、注目すべき

伝説です（詳しくは平泉澄博士『武士道の復活』所収「皇室と国民道徳」を参照してください）。

幕末の俊傑吉田松陰は、野山の獄に投ぜられた時、囚人たちを相手に『孟子』を講義されました。その講義の初めに「経書ヲ読ムノ第一義ハ、聖賢ニ阿《おも》ネラヌコト要《かなめ》ナリ。」と述べ、孔子・孟子がその生国を離れて他国に仕えたことは間違いであるとしてこれを批判し、語を継いで、しかしこの批判は我が国の国体（＝国柄・歴史）上から出て来る議論である、と述べています。藤田東湖と同じく国体を踏まえて「孟子」を主体的・批判的に読む必要を強調しています。古今東西の先人の言葉も、それが生まれた風土・国柄に基づくことを考えなければなりません。

この他の国とは違う国柄であるということを明瞭に明かそうとしたのが『大日本史』であり、この国柄の恵みを思えばこそ、徳川十五代将軍は大政奉還を決断したのです。大政奉還は、現在一部の学者に依って無謀とも無責任とも批評されておりますが、結果はどうであったでしょうか。この未曾有の決断があったからこそわが国は、殺戮と破壊の修羅闘擾世界に堕することなく、新しい時代を速やかに切り拓いていくことが出来たのです。慶喜の、我が国の歴史に対する信頼が、世界史の奇跡と言われる明治維新を生んだのです。これが、我が国の歴史の力です。多くの先人が苦心して守り育てて来た歴史の力なのです。

世間では、他と異なることを何か悪いことのように思う人がありますが、それは大いなる誤りです。他国と比べて我が国にはこれほど優れた歴史がある、それを誇って悪い道理はありません。だから、「赫赫《かくかく》タル神州」というのです。勿論、唯我独尊はいけません。他と比べて足りないところや不都合なことがあれば、それを改める、他国の優れたところはどんどん採り入れてゆく。「弘道館記」の、「資《と》リテ以テ皇猷ヲ賛《たす》ク」という文章はその精神を表しています。根本は、自分の立つ足場＝主軸＝をどこに置くか、です。足場が母国の歴史伝統を離れているならばその人の学問は、いかに博覧強記を誇ろうとも、それは「俗儒曲学」に過ぎません。

さらに考えてみれば、この文章は短く、且つ論じられているのは孟子ですから、古臭いようですが、現代文に翻訳し、その批判の対象を、洋の東西を問わず、世上に氾濫するもろもろの言説に置き換えてみるとき、今日の混迷の闇を照らす大文章ということが出来るのではないでしょうか。

左の数節は「青藍舎遺事」と題して田口秀実が残した文章からの抄出で、青藍舎は東湖の塾の名、秀実は東湖が水戸竹隈に幽居中に弟子となった人物です。つまり嘉永初年頃の東湖の様子が分かります。当時は俸禄は七人扶持に過ぎず、生活は極めて苦しかったということです。

一　先生座シ玉フ後ニ、拝領セシ卯花縅ノ甲冑ニ正平革ニテ縅セシ鎧櫃を並べ、上ナルウツボノ箱ニハ、武士ノ弓矢執名ノ高ミ山尚ホ幾度モ越エントソ思フ、ト言フ歌ヲ書キ玉ヘリ

一　先生、鼠染ナル麁キ木綿ノ衣装を直ホセシ最丈長キ羽織此ノ節流行ノ書生羽織召シ、麻裃ノ古袴ヲ着シ給ヌ、夏ハ万筋ノ麁キ木綿ノ単衣ヲメシ、袴ハ例ノ麻裃ノ裃ヲ着セラル、朱ノ刻ミ鞘ノ安愛ノ彫リシ鉄拵ノ脇指ヲ傍ニ置キ、泰然ト其中ニ座シ、言笑談論、一坐風動ス、其従容トシテ快然ノ状、困厄辛楚ノ何物タルヲ知ラザル如シ

一　先生聡明、一見人ノ肺肝ヲ洞察シ、一言ヲ聞テ事情ノ顛ヲ明ム、故ニ単言人ノ疑惑ヲ弁明シテ、人々歎服セサルハナシ、先ニ鬱然トシテ憂悶を抱ク者、先生ニ謁シ門ヲ出ルニ及テハ、欣躍抃舞ノ状ヲ為サヌハナシ

小梅水哉舎記

—真の勇気—

藤田　彪（東湖）

我水藩之漕二江戸一也、艤二於北浦一、浮二霞湖一、泝二刀水一、而達二於墨水一。墨水東岸、有二藩之別墅一、是為二小梅邸一。倉廩委積在焉。

（読み下し）

小梅《こうめ》水哉舎《すいさいしゃ》ノ記

我ガ水藩ノ江戸ニ漕《そう》スルヤ、北浦ニ艤《ふなよそおい》シ、霞湖ニ浮カビ、刀水ヲ泝《さかのぼ》リ、而シテ墨水ニ達ス。墨水ノ東岸、藩の別墅《べつや》アリ。是ヲ小梅邸ト為《な》ス。倉廩《そうりん》委積《いし》シテ在リ。

（語釈）

漕＝物資を船で運ぶこと。

別墅＝墅は田んぼの中に建てた収穫用の小屋の事で、転じて離れ屋をいい、また納屋・倉庫または下屋敷をいう。

倉廩＝穀物を貯えておく蔵。米蔵。

委積＝イシ。委は少し積む、積は多く積むという意味で、上の委には意味がなく、たくさんの物資が積み上げられているということ。

（釈文）

我が水戸藩がその物資を江戸に漕《はこ》ぶ場合、その船を北浦で艤《ふなよそおい》し、霞ケ浦を渡り、利根川を溯って隅田川に入ります。隅田川の東岸には水戸藩の下屋敷があり、これを小梅邸といい、倉庫には多くの物資が貯蔵されております。

天保丁酉、余友秋山魯堂、來管㆓倉廩事㆒。其於㆓局務㆒、多㆑所㆓更張㆒。乃新築㆓舎於邸中㆒、令㆔僚屬及子弟習㆓撃劍㆒、

（読み下し）

天保丁酉（八年）、余ガ友秋山魯堂、来リテ倉廩《そうりん》ノ事ヲ管ス。其局務ニ於ケル更張《こうちょう》スルトコロ多シ。乃チ新タニ舎ヲ邸中ニ築キ、僚属及ビ子弟ヲシテ撃剣ヲ習ハシム。

（語釈）

更張＝これまで緩んでいたことを改めて盛んにすること。

（釈文）

天保八年（西暦一八三七）に、私の友人（同志）であります秋山魯堂が、この倉庫のことを監督する蔵奉行になって赴任しました。その職務にあたって、（緩んで居た規律を改めたり、あらたな工夫を懲らしたりして）大いに職場の規律と緊張とを取り戻しました。（その施策の一つとして）小梅邸内に一つの建物を新築して、部下やその子弟に撃剣を習はせました。

余方在㆓礫川邸㆒。魯堂使㆘一卒齎㆓祭肉㆒頒㆖余、且囑曰、撃剣舎成矣、祭㆑神落㆑之。請子作㆑文記㆑焉。余諾而未㆑果、既而余與㆓魯堂㆒、轉㆑職歸㆑郷、

（読み下し）

余、方《まさ》ニ礫川邸《れきせんてい》ニ在リ。魯堂、一卒ヲシテ祭肉ヲ齎《もた》ラシテ余ニ頒《わか》タシメ、且ツ囑《しょく》シテ曰ク、撃剣舎成レリ、神ヲ祭リコレヲ落セリ。請フ、子、文ヲ作リ焉《これ》ヲ記セ、ト。余、諾シテ未ダ果サズ、既ニシテ余ト魯堂ト職ヲ転ジテ郷ニ帰ル。

（語釈）

卒＝下級の兵士。雑用を担当する下級の武士。

礫川邸＝小石川の水戸藩邸。礫は小石。

（釈文）

自分（東湖）はこの当時、丁度小石川の藩邸に居りましたが、魯堂は、その新築の御祝に神様にお供えした肉のお裾分けを一人の小者（＝卒）に持たせてくれて、さらに、「撃剣舎が出來、神様をお祀りして落成の儀式も終りました。ついては、あなたにこの舎の記文を作っていただきたい」との申し出でありました。私はこれを承諾したのですが、未だその約束を果さないうちに、私も魯堂もそれぞれ職務が変り水戸に帰りました。

（解説）

魯堂は天保十二年寺社役に転じ、東湖は天保九年土地方改正懸、十年史館編輯兼学校造営御用懸、十一年再び土地方改正懸、十二年御勝手改正懸など、次々に重要な役職を兼ね、忙しくすごしています。

去年甲辰、余獲㆓罪於幕府㆒、遂被㆑幽㆓於小梅邸㆒。禁錮甚嚴、獨許㆔隣人繼㆓米鹽㆒。

（読み下し）

去年甲辰（弘化元年）、余、罪ヲ幕府ニ獲《え》、遂ニ小梅邸ニ幽セラル。禁錮甚ダ厳シク、タダ隣人ノ米塩ヲ継《つ》グヲ許ス。

（釈文）

去年天保十五年（弘化元年）（西暦一八四四）、私は幕府の罪人として処罰され、（小石川邸、次いで）小梅の邸に幽閉禁錮されました。その扱いは甚だ厳しく、僅かに鄰の住人が米や塩を差入れることを認められただけでした。

（解説）

天保十五年五月、幕府は水戸藩の幕府に対する謀反を疑い、当時水戸に居た齊昭を江戸へ呼出し、致仕（隠居、つまり藩主の地位をしりぞくこと）謹慎を命じました（弘化甲辰の国難）。これは、藩政改革に反対する勢力の策謀が功を奏したためですが、中でも社寺改正と毀鐘鋳砲（寺の余分な鐘を鋳潰して大砲を作る）の二つの政策は特に僧侶勢力の反撥を買いました。東湖は側用人の地位に在り、改革派の中心人物でありましたので、責任をとらされて免職、藩邸の一室に幽閉されたのです。

この政変は、水戸では「弘化甲辰の国難」と呼ばれています。天保十五年は十二月二日に改元されて弘化となるのですから、五月は未だ天保十五年ですが、当時はその年を、改元された新しい元号で呼ぶのが習わしになっていた（立年改元）ので、天保甲辰とは言わずに、弘化甲辰というのです。

東湖の幽閉の様子は後に記します。

一日隣人來謁。自稱㆓忠介㆒。熟㆓視之㆒、則往年齎㆓祭肉㆒者也。余拊㆑掌稱㆑奇、談遂及㆓魯堂㆒、

（読み下し）

一日隣人來リ謁ス。自ラ忠介ト称ス。コレヲ熟視スレバ則ハチ往年祭肉ヲ齎《もた》ラス者ナリ。余、掌《たなごころ》ヲを拊《う》チテ奇ヲ称ス。談、遂ニ魯堂ニ及ブ。

（語釈）

拊＝音はフ。軽く物に当ててうつこと。

（釈文）

ある日、その隣人が参りまして、自分は忠介という者だと名乗りました。よくよくその顔をみれば、なんと、あの時（落成の折）お祀りの肉を持って來てくれた人ではありませんか。私は思わず膝を叩いてその奇縁を喜びました。いろいろと話をしているうちに、魯堂のことが話題に上りました。

忠介愀然曰、初本邸風俗薄惡、其吏則臟汚、其卒則遊惰、相率侵漁飲博、習以爲レ常。秋君之來、擧邸靡然向レ風。少者讀レ書、壯者擊レ劍。至レ今僕輩身必佩二雙刀一、口頗談二禮義一者、皆秋君之賜也。秋君御レ下、嚴而有レ恩、教二子弟一、必本二於報國一。秋君之去、實一邸之不幸也。

（読み下し）

忠介愀然《しゅうぜん》トシテ曰ク、初メ本邸ノ風俗薄悪、其ノ吏ハ則ハチ臓汚《ぞうお》、其ノ卒ハ則ハチ遊惰、相率《あいひき》イテ侵漁《しんぎょ》飲博シ、習ヒテ以テ常ト為ス。秋君ノ来ルヤ、挙邸靡然《びぜん》トシテ風ニ向カフ。少者ハ書ヲ読ミ、壮者ハ剣ヲ撃《う》ツ。今ニ至ルモ僕輩ノ、身ニ必ズ双刀を佩《は》キ、口ニ頗ル礼儀ヲ談ズルハ、皆、秋君ノ賜《たまもの》ナリ。秋君ノ下《しも》ヲ御《ぎょ》スル、厳ニシテ恩アリ、子弟ヲ教フル、必ズ報国ニ基ヅク。秋君ノ去リシハ実ニ一邸ノ不幸ナリ、ト。

（語釈）

臟汚＝贓汚は不正な品物、賄賂などを取って汚い行いのあることを指す。

侵漁＝侵漁《シンギョ》は漁師が魚を捕るように他人の物を犯し取ることをいう。

飲博＝飲酒と博変。

靡然＝草木が風になびくように、なびき従う様子。

（釈文）

忠介は憂い悲しむ様子をみせて申しました。その始め、小梅の邸の風紀は極めて悪く、その職に在る役人は、不正に財を蓄へ、その下の者達はろくに仕事もせず怠けてばかり、一緒になって他人のものを盗んだり、酒を飲んだり博奕をしたり、それが当り前な状態でありました。秋山様が奉行としておいでになりましてからは、邸中の者が秋山様の指導に服して、その風紀は一変し、若い者は読書に励み、壮年の者は剣術の鍛錬に精を出すようになりました。秋山様の水戸に移られた後の今となっても、私のような下卆でも必ず双刀を帯び、お互いに口を開けば人の道を論ずるようになったのは、すべて秋山様のお働き（賜物）なのです。秋山様がその部下に対する態度は、厳しいけれども公正で思いやりのあるものでありました。若い者を指導する場合は、必ず国家のご恩に報いることを根本として教えられました。秋山様が去られたことは、小梅の邸にとってまことに不幸なことなのであります、と。

（解説）

秋山魯堂の小梅勤務は天保三年十月から同十二年十一月までの九年間に及びます。

文中に、下級武士でも「身ニ必ズ双刀ヲ佩キ、口ニ頗ル礼儀ヲ談ズ」とありますが、身に双刀を佩びるのは威儀を正すことであり、礼儀を談ずというのは、下卑た言葉遣いをしない、ということです。この二つの事は普段見逃しやすいことですが、実は極めて大切なことで、この二つを守ることがその人の価値を高めるための条件と言ってもよいのです。

また、「必ズ報国ニ基ク」とありますが、これは弘道館記にある通り、水戸藩の教育の眼目でした。この精神が明治維新を可能にしたことを、今日深く考えなければならないと思います。

余因歎曰、小人學ㇾ道、則易ㇾ使、信哉。夫魯堂嘐々、有ㇾ慕二乎古人一。若二小梅之政一、則其餘事耳。而去後見ㇾ思至二於此一者、豈非三其教化之效使二之然一歟、

（読み下し）

余、因ツテ歎ジテ曰ク、小人道ヲ学ブトキハ則ハチ使ヒ易シトハ信《まこと》ナルカナ。夫レ魯堂ハ嘐々《こうこう》古人ヲ慕フアリ、小梅ノ政《まつりごと》ノ如キハ則ハチ其ノ余事ノミ。而レド、去リテ後ニ思ハルルコト此ニ至ルハ、豈、其ノ教化ノ效、コレヲシテ然ラシムルニ非ズヤ。

（語釈）

小人学道云々＝この句は『史記』の仲尼弟子列伝にあります。

嘐々＝志や云う事が大きいこと。嘐はおおきい。

（釈文）

私は大いに驚き感心して申しました。小人が道を学ぶと（道義礼節を弁えるから、上の者が）使い易くなる、と孔子が言ったということですが、まことにその通りであります。魯堂は大きな志を持っていて、古の賢人たちを模範として見習っていましたから、小梅の邸でのさまざまな業績などは、彼にとってはほんの小手先技のようなものでありましょう。しかし、居なくなってからもこのように慕われているということは、彼の教化の力が優れていたことの證明でなくてなんでありましょう。

（解説）

教化の力が優れていたということは、魯堂の学問が本物であり、実際の役に立つ実学であったということです。人は、徒らに知識を誇示する為に学ぶのではありません。自分自身の人間力を高めるために学ぶのです。そのようにして培われた力はやがて人を動かし得るのです。

君子成二人之美一。余雖レ廢矣、記文之囑、其可レ不レ果耶。乃命レ舎曰二水哉一。取三於其在二川上一也。

（読み下し）

君子ハ人ノ美ヲ成ス。余ハ、廃サルト雖モ、記文ノ嘱《しょく》、其レ果サザルベケンヤ。乃チ舎ニ命ジテ水哉トイフ。其ノ川上ニ在ルニ取レルナリ。

（語釈）

川上＝川のウエではなくて、ホトリ。上は辺。

（釈文）

君子は接する人を誘い勧めてその人の善美なところを引出してあげる、といいます。自分は職務をはく奪されたとはいえ、記を作らずにいたが、そのようなことであるならば、記文を作るという約束を果さなければなりません。そこで、舎の名前を水哉《すいさい》と名付けました。撃剣舎が川（墨田川）の辺（ほとり）に在るからです、（がそれ以外に水といふ文字には次のような意味があるのです）。

（解説）

「君子成人之美」という言葉は論語に在ります。この言葉も素晴らしい言葉で、よくよく吟味していただきたいと思います。ここでは、自分（東湖）が、約束した記文を作ることによって魯堂の仕事を顕彰することが出来るのだから、この文を作るのだ、ということです。

こうして東湖によって「水哉舎」と名がつけられたのですが、さらに次からこの命名の由来が解説されます。

仲尼屡稱㆓於水㆒曰、水哉、水哉。又曰、逝者如㆑斯夫、不㆑舍㆓晝夜㆒。苟使㆘人之志㆓於道㆒、如㆗水之混々、盈㆑科而進㆖、則沛然其孰能禦㆑之。豈特一技藝而已哉。

（読み下し）

仲尼《ちゅうじ》屡々水を称《たた》ヘテ曰ク、水ナルカナ、水ナルカナ、ト。又曰ク、逝《ゆ》ク者ハ斯クノ如キカ、昼夜ヲ舎《お》カズ、ト。苟《いやしく》モ人ノ道ニ志ザスコト、水ノ混々トシテ科《あな》ニ盈《み》チテ進ム如クアラシムルトキハ、則ハチ沛然《はいぜん》トシテ其レ孰《たれ》カ能クコレヲ禦《ふせ》ガン。豈、特《ただ》ニ一技芸ノミナランヤ。

（語釈）

仲尼＝孔子の字。因みに孔子の名は丘。この孔子の言葉はやはり「論語」子罕第九にある。

科＝穴をいうが、それほど深くない「くぼみ」のこと。因みに、孔はトンネルのように突き抜けたアナ、穴は地面に掘られたような底の在るアナを言う。穿孔機、墓穴などの熟語は、それぞれの文字の意味を生かした熟語。

（釈文）

孔子はしばしば水をほめて、「水なるかな、水なるかな」といい、また「逝くものは斯くの如きか、晝夜を舎かず」といいました。だいたい、人が道（この場合は具體的なにか）に志して、水が懇々として溢れ出て、穴があればこれを埋め満して更に溢れ出るように、継続して止むことがなければ、その盛んな勢いは誰も禦《ふせ》ぎ留めることは出來ないもので、それはただ単に剣術ばかりではありません。

（解説）

全てのことは、水の流れて留らないような継続の努力によって実るものだという思いを、水哉の語に托したということです。同時に、魯堂の徳化の流れが止まらない意味も含むと思われます。

この「逝クモノハ斯クノ如キカ、晝夜ヲ舎カズ」という論語の言葉は、実は二様に解釈されて来ました。一つは、古註の解釈で、全てのものごとは流れて止まらない、すなわち万物流転の相を歎じたとする解釈で、もう一つが新註、すなわち宋時代以後の解釈で、人は無限の天地の発展の中に存在するのであるから、水の流れの如く間断なく努力しなくてはならぬ、という解釈です。東湖の理解は新註の理解です。また、「舎」は休む、憩う意味で、晝夜を舎《お》かず、は、晝夜を舎《や》めず、と読む説もあります。

抑方㆔魯堂築㆓斯舎㆒也、我公尚㆑武右㆑文、尤用㆓心於忠孝之大義㆒。魯堂嘗屢上書陳㆓大計㆒。其帰㆑郷也、慨然欲㆔興㆓隆神聖之道㆒。余毎㆘與㆓魯堂及同志之士㆒相會㆖、飛談雄辯、上㆓下議論㆒、時或酣醉浩歌、以助㆓其歡㆒、蓋亦一時之盛也。

（読み下し）

抑《そもそ》モ魯堂ノ、斯《こ》ノ舎ヲ築《きず》クニ方《あた》リテヤ、我ガ公、武ヲ尚《たっと》ビ文ヲ右ニシ、尤《もっと》モ心ヲ忠孝ノ大義ニ用ヒタマフ。魯堂屢々上書シテ大計ヲ陳ズ。其ノ郷ニ帰ルヤ、慨然《がいぜん》トシテ神聖ノ道ヲ興隆センコトヲ欲ス。余、魯堂及ビ同志ノ士ト相会スル毎ニ飛談雄弁、議論ヲ上下シ、時ニ或ハ酣醉浩歌《かんすいこうか》、以テ其ノ歓ヲ助ク。蓋シ亦一時ノ盛ナリ。

〔語釈〕

酣酔＝大いに酒に酔う。

浩歌＝大声で歌う。

〔釈文〕

そもそも、魯堂が、この撃剣舎を新築した時は、我が齊昭公が、特に忠孝の大義を最も重んじて文武を奨励し、一藩を改革しようとしていた時であり、魯堂は屡々上書して国家的な問題（＝大計）について意見を述べましたが、水戸に帰ってからも、大いに張り切って、我が国の道を興隆することを念願としました。私は、魯堂やその他の同志の士と相会します度に、お互いに盛んに議論を上下して道を論じ国政を論じ、また或時は大いに飲んで高歌放吟、樂しい時を過しましたが、そのような愉快な日々も、いまや過去となりました。

〔解説〕

尚武右文といふ言葉は、右文左武と同じことで、文武の両道を、片寄りなく奨勵したことを指します。神聖の道とは、我が国古來の道をいい、「弘道館記」に示された道を指します。

既而魯堂落々不遇、遂投㆓閑地㆒、公遽就㆓菟裘㆒、余則困阨如ㇾ是。同志之士、往々廢棄、靡ㇾ有㆓孑遺㆒。而人情反覆、又有㆓不ㇾ可ㇾ勝ㇾ言者㆒。

（読み下し）

既ニシテ魯堂、落々不遇、遂ニ閑地ニ投ゼラレ、公、遽《にわか》ニ菟裘《ときゅう》ニ就キ、余ハ則ハチ困阨《こんやく》是《か》クノゴトシ。同志ノ士、往々廃棄セラレテ孑遺《げつい》アル靡《な》シ。而シテ人情ノ反覆、又言フニ勝《た》フベカラザルモノアリ。

（語釈）

菟裘＝隠居すること。『左伝』に在る故事にもとづく語。

孑遺＝残り、余り。

（釈文）

それらの楽しかった時も過ぎ、（水戸藩が処罰されたので一氣に情勢は変化し）魯堂も不遇でとうとう閑職に追いやられ、公は急に隠居を命ぜられ、私もこのとおりの災難です。同志の人々も皆斥《しりぞ》けられて政府に残る者もなく、人々の態度も掌《たなごころ》を返したように変り、なんとも言葉もないという有様です。

（解説）

天保十五年（弘化元年）、幕府は水戸藩に陰謀の疑いがあるとして、藩主斉昭に隠居謹慎を命じ、斉昭に協力した面々（戸田・藤田など）を処罰しました。これは、斉昭の改革事業に反対する勢力の策謀が功を奏したためです。水戸藩は、新藩主幼少の為、親族の藩（三支藩＝讃岐高松・磐城守山・常陸府中（石岡））の監督下に置かれること五年、まもなく謀反は事実無根であることが判明しますが、謹慎は解除されても藩主への復帰はなく、嘉永六年、ペリーの来航によって大きく世の中が動き出すまで、改革派の活躍の場はありませんでした。

古曰、皮之不㆑存、毛将㆓安傅㆒。世道變遷、既已至㆑此。余恐水哉之舎、勢不㆑能㆓獨盛㆒也。

（読み下し）

古ニ曰ク、皮ノ存セザレバ毛《け》ハ将《まさ》ニ安《いずく》ニカ傅《ふ》セントス、ト。世道ノ変遷、既《すで》ニ已ニ此ニ至ル。余恐ル、水哉ノ舎モ勢ヒ独リ盛ンナル能《あた》ハザルナルヲ。

（語釈）

傅＝伝（傳）ではない。音はフ。本来はくっつく意で、転じて守役、付き添いの意味が普通。この場合は付・附の意味。

皮之不存云々＝『左伝』にある言葉で、斉昭が処罰されて全てがひっくりかえったので、改革派の人々とその事業が拠り所を失ったことを意味する。『東湖全集』の表記では返り点はついていないので、「毛ハ将《も》ッテ安《いずく》ニカ傅センと読ませるのか、どちらでも意味はかわらない。

（釈文）

古くからの言葉に、皮が無ければ毛は何処にくっつけばよいのか、という言葉がありますが、世の中は激変してとうとうこの様な状態になってしまいました。私は、水哉舍も、この風潮の中で衰微して行くであろうことを残念に思うのであります。

雖レ然余聞、北浦與二墨水一、相距數百里、當二其水張風快一、則片帆如レ飛、巨萬之粟、殆可レ運二於一瞬一、及二其水落石出、暴風起レ波、則不二啻進退不可一、往々或有二覆沒之患一。而世遂不三以レ之廢二漕運一者、知下有レ源之水、必不レ至二於涸盡一、而風波之變、固非中天地之常態上也。

（読み下し）

然リト雖モ余聞ク、北浦ト墨水ト相距《へだ》ツルコト数百里、其ノ水漲《みなぎ》リ風快ナルニ当リテハ、則チ片帆飛ブガゴトク、巨万ノ粟、殆ンド一瞬ニ運ブベク、其ノ水落チ石出デ、暴風波ヲ起コストキハ、則チ啻《ただ》ニ進退不可ナルノミナラズ、往々或ハ覆没ノ患《うれ》ヒ有リ、ト。而レドモ、世《よ》遂ニコレヲ以テ漕運ヲ廃セザルハ、源アルノ水ハ必ズ涸尽ニ至ラズ、而シテ風波ノ変ハ固《もと》ヨリ天地ノ常態ニ非ザルヲ知レバナリ。

（釈文）

しかしながら、自分の聞くところによれば、北浦と墨田川とは数百里を隔てているものの、その水満々と漲り、また順風の時であれば、船の早いこと飛ぶが如くであって、大量の物資を瞬時に（やすやすと）運ぶ事ができるが、水も少なく岩石も露わとなり、暴風が波を逆立てる時は、ただに進退に苦しむばかりでなく、往々にして沈没してしまうこともあるということです。しかしながら、何時の世でも、このような大変な危険を知りながらこの運送の方法を廃止しないのは、人々が、源のある水は決して涸《か》れ尽きることはなく、また、暴風雨は特別であって自然の常態ではないことを知っているからであります。

今夫水哉之舎雖㆑小、而源㆓於魯堂㆒。々々之志、本㆓於報國㆒。而又泝㆓其源㆒、則未㆓始不㆑本㆓老公忠孝之化㆒也、

（読み下し）

今夫レ水哉ノ舎ハ小ナリトイヘドモ魯堂ニ源《もと》ヅク。魯堂ノ志ハ報国ニ本ヅク。而シテ又其源ヲ泝《さかのぼ》レバ、則チ、未ダ始メヨリ老公忠孝ノ化ニ本ヅカズンバアラザルナリ。

（釈文）

改めて考えますに、水哉舎は小さいものではありますが、魯堂が始めたものであり、魯堂の志（＝この舎を建てた趣意）は国恩に報いることにありました。これは更に溯れば、云うまでもなく、老公（齊昭公のこと、隠居したので老公という）が忠孝の大義を明らかにし、文武を奨励した、その成果（＝影響）であることは明白であります。

嗚呼斯舎雖レ小、而源之所ニ自來一遠矣。余有レ知下其洋洋漫漫、與ニ刀水墨水一長流中於無窮上。而彼反覆變遷者、豈亦人世之常態乎哉。

（釈文）

嗚呼、水哉舎はまことに微々たる存在ではありますが、その精神の源泉ははるかに遠くより流れ来っているのであります。私はその精神の流れが、利根川や墨田川と同じように、洋々満々として、いつまでも永遠に流れるものであることを知っております。このたびの政変のようなことは、人の世の常の姿ではありません（いわば暴風。必ずや正常なものに返ることでしょう）。

因爲ニ之記一、併識ニ余感一、使三後之論レ世者有ニ以考一焉。魯堂名忠彦、忠介之稱、乃魯堂所レ命云。

（『新定　東湖全集』）

（読み下し）

嗚呼《ああ》斯《こ》ノ舎小ナリト雖モ而モ源ノ自《よ》リテ來ル所ハ遠シ。余、其ノ洋々漫々トシテ、刀水ト墨水ト与《とも》ニ長ク無窮ニ流ルルヲ知ル有リ。而シテ彼ノ反覆変遷ハ、豈、亦《ま》タ人世ノ常態ナランヤ。

（読み下し）

因《よ》ツテ之《これ》ガ記ヲ為《つく》リ、併セテ余ノ感ヲ識《しる》シテ、後ノ、世ヲ論ズル者ヲシテ以テ考フルトコロアラシム。魯堂名ハ忠彦、忠介ノ称ハ乃チ魯堂ノ命ズル所ト云フ。

〔釈文〕

このような次第で水哉舎の記を作り、併せて私の考えを述べましたのは、後の人で、世の中に責任を持とうという人に、よくよく考えていただきたいと思うからであります。

（ちなみに）魯堂の名は忠彦といい、忠介の通称は魯堂が与えたということです（忠の文字は魯堂の志でもある）。

（常磐神社の義烈館に所蔵する拓本用版木には末尾に「乙巳夏五藤田彪書於北總小梅塞齋印印」とあります。乙巳は弘化二年）

〔解説〕

以上が本文の解釈ですが、改めて云うまでもなく、この一文は弘化二年（一八八五）に書かれた文章です。秋山魯堂の要請に応えたものですが、その執筆は、既に本文に記されているように、一人の下士（忠介）との再会によって触発されたものでした。忠介との会話によって、東湖は魯堂の残した働きの素晴しさに気付いたのです。我々は、平常では何気なく見過ごしていることでも、物事が逆転したために改めて気付くことも多いのです。東湖もそれまで何気なく見過ごしていた魯堂の業績を、忠介を介して、非常の苦難の中での一筋の光明の如く認識することが出来た。その感動のままに筆を走らせたのがこの一文であろうと思います。極めて平易な文章でありますが、高い志と屈することない気魄、そして明朗な精神とを見ることができます。

「後ノ、世ヲ論ズル者ヲシテ以テ考フルトコロアラシム。」という言葉は、私共に極めて重い響きをもって迫ります。国の運命を担うのは、何も政治の中枢にある人たちばかりではありません。真剣にこの国のことを憂える人は皆「世ヲ論ズル者」なのです。

秋山魯堂といふ人は、茂三郎忠彦、初名を毅といい、文政九年、父徳載死して扶持を賜はり小普請組。天保二年四月四日切符を賜はり格式歩行目附次座となり下勘定役見習。三年十月六日藏奉行、十二年十一月十九日格式馬廻列寺社役となり水戸に移る。十三年五月二十四日吟味役、十四年九月二十二日馬廻組となる。弘化四年四月二十一日致仕して魯堂と号す、文久三年正月二十日死す、八十歳。橋本介左衛門昌胤女を娶りて一男を生む、長太郎興と云う（『水府系纂』七十八秋山介七徳載の項）とありますから、魯堂は逆算して天明四年（一七八四）の生れ。東湖は文化三年（一八〇六）生れですからその差二十二年、東湖にとっては大先輩に当ります。後輩の東湖に作文を依頼する魯堂も立派です。この風は現代でも大いに学ぶべきでしょう。

ところで弘化元年の政変（甲辰の国難）は、水戸藩にとっては晴天の霹靂であり、これに依って所謂水戸藩天保の改革は画竜点星を欠く恨を残し、以後の藩内の分裂抗争の発端となりました。その内容を詳しく申上げる余裕はありませんが、処罰を受けた藤田東湖の状況はどのようであったかといいますと、これは東湖自らの記録に明らかです。まず、「回天詩史」（いわば東湖の自伝）に次のように記されてあります。

「……監察府ノ僚吏、工ヲ率《ひき》ヒテ來リ、舍ノ東西及南北ノ鄰ノ境ヲ検視シ、凡ソ寸隙アレバ皆板ヲ以テコレヲ塞ギ、最後ニ又板ヲ以テ門戸ヲ掩ヒ、固釘シテ去ル。奴僕ト雖ドモ、理《ことわ》リ出入スル能ハズ。然レドモ、米塩継ガズ、薪水通ゼズ、飢渇シテ死スルトキハ、則チ亦恐ラクハ禁錮スル所ノ意ニ非ザラン。是ニ於テ北鄰主人鱸《すずき》氏ニ請ヒ、竊《ひそ》カニ其牆《かきね》ヲ穿《うが》ツ。濶《ひろ》サハ身ヲ横《よこた》フベシ。是ニヨリテ、奴僕、鱸氏ノ門ニ因ツテ出入スルヲ得タリ。然レドモ監察ノ僚屬、時々舎外ヲ巡視ス。故ヲ以テ家奴ノ井ヲ汲ム、率《おおむね》一日一再ニ過ギズ。僅カニ朝夕爨炊《さんすい》ノ用に供スル耳。余、本月二日家ヲ発シ、而モ前数日疾ヲ獲。故ヲ以テ浴セザルコト殆ンド三旬。今既ニ瘳《いえ》タルモ、水ノ乏シキ為ルヤ、僅カニ盥漱洗面シテ止ム。当ニ是レ夏日、蒸熱人ニ逼《せま》ル。発汗淋漓《りんり》、衣服日ニ汚レ、臭気鼻ヲ衝ク、因ツテ一タビ皮膚ヲ搔《か》ケバ、則チ虱亦爪ニ入ル……」（原漢文）

非常な窮状でありますが、これは小石川の官舎でのことと思われますが、翌年二月に小梅の官舎に移されます。その様子は、「蹇齋記《けんさいのき》」の中に

「……舎ハ東西丈余、南北二丈ニ盈《み》タズ。前ハ竈《かまど》後は廁《かわや》、庭除（庭のこと）は一歩ナルベク、高牆《しょう》（高い屏）宇《のき》ニ接ス。画シテ二ト爲シ、僮僕《どうぼく》（下男）其一ニ居ル。余ガ居ル所ハ、衣架右ニ在リ、書筺左ニ在リ、地爐中ニ居リ、而シテ介冑槍劒、几案《きあん》筆硯、其間ニ陳ス。則チ余ノ坐臥スベキハ、厪々《わづかに》方四五尺ニ過ギズ……」（原漢文）

とあります。しかし東湖は、此の部屋を蹇斎と名付け、むしろその苦境の中にありながら、周易の句「山上有レ水、蹇、君子反レ身脩レ徳」を引いて「余、不敏ナリト雖モ、今ヨリシテ後、将ニ事ヲ斯ニ従ハントスル也」（原漢文）と述べております。

即ち、部屋の周囲は板で囲われ、門扉も釘で固められ、出入りもできない。しかたなく北隣の鱸氏との境の垣をくぐりぬけられる程度に少し毀して、ここから召使が出入りする。監視の目も厳しく、水を酌むのも一日に一・二回、これではわずかに煮炊きと洗面に必要な分だけで、身体を拭うことも出来ない。だから水戸から出て来て一ケ月、全く風呂に入れない。折からの夏日で汗は出るし、衣服は臭気を放ち、皮膚を掻けば爪の間に虱が入ってくる……。

また、小梅での様子は、部屋は東西が三・三メートル余、南北がその倍、これを二つに区劃して一方に召使が居る。庭は無いにひとしい。自分の居る所といえば、右に衣桁、左に書箱、真中に炉が切ってあって、空いているところに、刀・槍・鎧、それに机などが点在し、自分の寝るところは一・五メートル四方位しか無い。……

なんとも窮屈で悲惨な状況であります。しかしこのような中に置かれて、なお意気軒昂、幽囚の後直ちに筆を執って「回天詩史」を著して半生を回顧し、これによって自らの行動の是非を確かめ、次いで八月には「常陸帯」を著して烈公の改革事業の目標と実際とを明らかにし、さらには翌年、人口に膾炙《かいしゃ》している「和文天祥正気歌」（普通に藤田東湖の正気歌と呼ばれる）を作り、次いで大著「弘道館記述義」を執筆するなど、いずれも東湖の代表作となった著述です。皮肉なもので、幽囚による閑暇がかえってこれらの名著を産み残すことになったのです。まことに禍福はあざなえる縄の如し、天運は図り知ることが出来ません。人がこの世に生きて、為したこと、為せなかったこと、それらは不思議な運命の糸の操るところなのでしょうか。

小梅に移った年の三月三日の日に詠んだ七言の長詩があります。これは身の回りの世話をする下僕が、雛祭だからと酒と魚を持って来てくれた。それで興に乗じて作ったという詞書がありますが、その末尾に「丹心誰カ懐《おも》フ杞人《きひと》ノ憂、白屋《はくおく》安ンゾ知ラン廟堂ノ計、好ンデ千古忠義ノ魂ヲ弔ヒ、扶桑ノ為ニ根柢ヲ培ハント欲ス」とあります。「杞人の憂い」は、天が落ちて来ないかと心配するといういわゆる杞憂、白屋は一般人の家、すなわち普通の人をいい、扶桑は日本国、根柢は木の根、現在の根底と同じです。

茨城県立歴史館寄託藤田家史料の、天保十五年六月十三日付けの東湖書翰は、宛て名は欠けて

いますが、その後半に、
「・・・敝舎、天祥の土室ニひとしかるべく、御推察被下候處、天祥ニ比《くらべ》候へハ、玉堂華屋に候へ共、鑑府の苛細なる事、天祥ハ存申間敷、此炎熱ニ行水も六ケ敷（難かしく）、朝夕一度ツ、爨炊（さんすい・炊事）の為ニ一手桶汲候水を貯へ置、銅たらひニ半分ほとをあび候て凌《しの》キ申候、毎日暮時、一合ツ、の薬用にて正氣を培養仕《つかまつり》　候《そうろう》、乍併《しかしながら》忠憤満腔、御安意可被下《くださるべく》候、兩人とも尊氏とハ毎度仇讐の勢をなし居候ゆへ、容易にハ帰郷も六ケ敷、自《おのずか》ら幕《ばく》より分り候を待候外無之《これなく》、貴諭の通、閑居著述三昧八年來の志願、不幸之幸、此事ニ御坐候、回天詩史と申小著出來候処、如何にも実録、どふも危く候間、下し不申候、貴書にて、御拜領之劍之記、存出し、今日立稿仕候、乍例《れいながら》鹵莽（ろもう・良いかげん）、御存分御斧正可被下候、御序ニ伯民へ御見せ、直しを受候上にて、清書御廻し可申候、乍併、今程ハ雄刀も空く匣《こう》中ニ鳴候半、噫　六月十三日　困窮」

とあります。困窮の中にもなんら屈するところのない気概が偲ばれます。「天祥の土室」というのは、宋の文天祥が土牢に入れられた古事をふまえ、「一合ヅ、の薬用」というのはお酒のこと、幕は幕府、伯民は会沢伯民のこと。末尾の署名困窮は、東湖自らのことで、ユーモアすら感じられます。

「和文天祥正気歌」には序文がついておりますが、その中で、

「公（烈公）ノ罪ヲ獲ルニ及ンデ、彪（東湖の名）モマタ禁錮ニ就ク、風窓雨室、湿邪コモゴモ侵ス、非衣疏食、飢寒並ビ至ル、其ノ辛楚艱苦ハ、常人ノ堪へ難キ所、シカレドモ宿痾《しゅくあ》頓《とみ》ニ癒《い》エ、体気頗ル佳ナリ、宇宙ヲ睥睨《へいげい》シ、叨《みだり》ニ古人ト相期スル者、蓋シ天祥ノ歌ニ資スルコト多

シト為ス」（原漢文）

とも述べております。東湖の学問の基づくところ、またその想い。これらの文章からその一端を伺うことができるでしょう。

天祥の歌とは、文天祥の「正気歌」を指します。文天祥は、シナ南宋末の忠臣。元に仕えることを拒否して死にました。天祥が古人に学んで無道に屈しなかったように、優れた古人もまたその先輩から学び、東湖も亦先人に恥じぬようその後に続こうとしているのです。

困窮にも屈せず、道を信じて疑わず、意気軒昂、まさに「笑ッテ獄中ニ座ス鉄石ノ心」・・・。本当の英雄豪傑とは、この東湖のような人物をいうのであろうと思います。

古人先哲から学ぶ、学ぶというとまだなにか他所事のようで足りないかもしれない。古人に扶けて貰う、というべきでしょうか。古先哲におすがりし、その力を分けて貰うことによって、人としての道をはずさないように努力する、それが学問であろうと思います。そのような学問によって築かれた人格・信念の、おのずからなる発露がこの「小梅水哉舎記」であります。ちなみに、私はこの文章を読むたびに、静かな勇気を与えられるのです。

古堂記

――学問の力――

藤田　彪（東湖）

有二醜男子一、観二美丈夫一喜曰、我雖レ不レ能レ視二吾面一、観二彼之美一、而知二我之不一レ醜矣。有二一人一笑曰、人面各異、我有二古鏡一、能辨二妍媸一。醜男子借而引レ之罵曰、誰寫二出怪鬼於朦朧之中一、以誣二世人一。又有二一人一、大笑曰、塵垢蔽レ鏡、悪能照レ物。直提二醜男子一臨二池水一。蓋始恍然自失、須臾風波動揺、面貌参差、因倏疑倏信、亦遂不二心服一也。

（読み下し）

古堂ノ記

醜男子アリ、美丈夫ヲ観《み》テ喜ビテ曰ク、我、吾ガ面ヲ視ルアタハズトイヘドモ、彼ノ美ヲ観テ、我ノ醜カラザルヲ知ルト。一人アリテ笑ヒテ曰ク、人面ハ各々異ル、我古鏡ヲ有《も》テリ、能ク妍媸《けんし》ヲ弁ズト。醜男子借リテコレヲ引キ罵リテ曰ク、誰カ怪奇ヲ朦朧《もうろう》ノ中ニ写シ出ダシ、以テ世人ヲ誣《たぶら》カスト。又一人アリ、大笑シテ曰ク、塵垢鏡ヲ蔽ヘリ、悪《いずく》ンゾ能ク物ヲ照ラサンヤト。直《ただ》チニ醜男子ヲ提《ひきつれ》テ池水ニ臨ム。蓋シ始メハ恍然《こうぜん》自失スルモ、須臾《しゅゆ》ニシテ風波揺動シテ面貌参差《しんし》タリ、因ツテ倏《たちま》チ疑ヒ倏チ信ジ、亦遂ニ心服セザルナリ。

（語釈）

観美丈夫＝「観」という文字は、よくよく注意してみる意味で用いられることが多いが、脇からみる意味もある。ここでは余所目に見て、脇からみて＝見かけて、という意味であろう。「視」は、気を付けてみる、比較してみる、という場合に用いる。

妍媸＝音はケンシ。美しいと醜いと、の意味で妍蚩とも書く。

悪能照物＝この「悪」は副詞で、「どうして〜ようか（ない）」という反語。

直提醜男子＝この「提」はひっぱって行く意。

臨池水＝「臨」は高い所から低い所を、上から下を、覗く意。

恍然自失＝ぼんやりして気抜けしたようになる。

參（参）差＝シンシ。入り混じる。互いに入り混じる様子。

倐＝倏の俗字、音はシュク、すみやか、たちまち、光りのようにすばやい様子。

（釈文）

顔の醜い男がおりました。彼は、美男子を見かけて嬉しくなり、「自分は自分の顔を視ることはできないけれども、自分もきっとあのような顔をしているのであろう。彼を観ていると自分もまんざらではないと思える」と言いました。すると、それを聞いていた人が笑いながら、「人の顔というものはそれぞれ違っているのだ。同じということはない。自分は古い鏡を持っているから、それを貸してやろう。この鏡はよくものを写すから。」と鏡を貸してくれました。男はこの鏡に自分の顔を写してみるや、大きな声を挙げ、「いったいこれは何だ。一体誰がこの様な奇怪な姿をぼんやりと映し出して人を誑かそうというのだ。」と罵りました。また他の一人がこの様子を見て大笑いして言うには、「その鏡には埃が付いており、磨いていない。これでは物の姿がはっきりとわかるはずがない。」と言って彼を引っ張って池のほとりに連れて行きました。覗き込んだ男は、水に映った自分の顔を視て、（あまりの醜さに）びっくりして呆けたようになってしまいましたが、しばらくすると風が吹いて波が立ち、映っていた顔が散りぢりになってしまいましたので、果たして今しがた映っていた顔が自分の顔なのかどうか、半信半疑となって、結局納得することがありませんでした。

今夫庸人俗吏、非レ古而是レ今、齷齪自用、不レ知三其心之類二怪鬼一者、往々皆是。而腐儒迂生、讀二古書一、誦二古訓一、自謂レ通二時務一。特不レ知二其所レ講皆古人之糟粕、不レ可レ施二諸今一。才臣智士、視二儒生迂腐不一レ適二實用一、遂併二廢古訓一、自謂機警權數、可三以籠二絡一時一。而變詐百出、竟不レ能レ服二人心一者、亦皆與二夫二人者一奚擇焉。大道之不レ明、職是之由、可レ勝レ慨哉、

（読み下し）

今夫レ庸人俗吏、古ヲ非トシテ今ヲ是トシ、齷齪《あくせく》自ラ用ヒ、其ノ心ノ怪鬼ニ類スルヲ知ラザルモノ、往々皆是《これ》。シカウシテ、腐儒迂生ノ、古書ヲ読ミ古訓ヲ誦シ、自ラ謂《おも》ヘラク時務ニ通ズト。特《た》ダソノ講ズル所ハ皆古人ノ糟《そう》粕《はく》ニシテ諸《これ》ヲ今ニ施スベカラザルヲ知ラズ。才臣智士ハ儒生ノ迂腐《うふ》ニシテ実用ニ適セザルヲ視テ、遂ニ併セテ古訓ヲ廃シ、自ラ謂《おも》ヘラク、機警権数、以テ一時ヲ籠絡スベシ、ト、

シカレドモ変詐百出シテ竟《つい》ニ人心ヲ服セシムル能ハザルハ、亦皆夫《か》ノ二人ノ者ト奚《なん》ゾ択バン。大道ノ明ラカナラザルハ、職《もと》ヨリ是レコレニ由ル、概《なげ》クニ勝フベケンヤ。

（語釈）

古訓＝昔の読み方という意味でよく使われるが、ここでは文字通りの古い教えの意味であろう。

機警権数＝機警は物事の悟りが早い、機知があって早いという意味。権数は権謀術数の略。

変詐＝そむきいつわる。駆け引きを上手にする。忠信の反対。

竟に＝終りの意味。「あげくに」と訳す。これに対して、「遂に」は、「〜した結果」であって「結局」と訳す。

奚ぞ択ばん＝奚《ケイ》は「何」と同じですが、疑問を投げかけてその答えを求めるときに用いる。「どうして択べようか、いや選べない＝なんら違いはない」

職より＝主として、ほとんど、

（釈文）

ところで、現在、普通の人や普通の官僚は、昔は全て劣っていて参考にならず、現在のほうが何事も進歩しているのだから優れていると考えて、何事も心せわしくこまごまと自分の判断で事を処理しようとしているが、それは概ね前の話の、自分の顔が醜いことを納得しない男と同じであります。しかも一方で世間の凡庸な学者は、昔の書物を読んで、その中の古い教えをそのまま諳《そら》んじて、自分はそれによって、その時代に応じて適切に政治上の勤めを果たし得るのだと思いこんでいるが、実はその知識たるや昔の優れた人々の滓（糟粕）でしかなく、なんら現代に通用しないものであることを自覚していません。一方で、才知あふれる優秀な人物は、学者の言うことが空理空論、いわば屁理屈で実際の役に立たないことを見て、結局昔の教えを無視して、自分の優秀な能力で考えた策、やり方のみで十分に対処できると考えて事に当るのであるが、どっこい現実は常識で測れないことや予想に反すること、また相手の偽りや駆け引きなどあって、到底対処しきれず、あげくのはてに人々の信用を失うはめになるのは、前の話の鏡を持ち出した者や池まで連れ出したものとなんら異なるところはないのであります。本当の正しい道筋が明らかにならないのは、原因は主としてここに在るのであって、まことに嘆かわしことであります。

（解説）

ここでは、前の寓話をうけて、顔の醜い者、鏡を渡した者、水際に連れて行った者、三者それぞれの誤りを指摘します。顔の醜い者は、自分の判断に拘って、他の意見を聞き入れない者、後の二者は、正しい拠り所によって相手を納得させるのではなく、曇った鏡や動揺する水を以て拠り所とした者であります。庸人俗吏は他人の顔を、腐儒迂生は曇った鏡を、才臣智士は動揺する水を、判断の根拠とする者というわけです。いずれも確固とした拠り所とはなりえません。

一体、事の判断に当たってはその根拠が確かなものでなければなりません。世間によくあるような人のうわさや、まことしやかな作り事を根拠としたのでは、そもそもの前提が誤っているのですから正しい姿、結論が生まれるはずがないのです。

また、古いものには価値が無く、新しいことの方が進歩していて優れている、というのは、或る点では正しいのですが、全てがそうだということでもありません。例えば、現在の電気炊飯器を考えてみてください。最新の家電である炊飯器の究極の目標は、なんと竈炊きの再現ではありませんか。科学技術の世界においても、良いものは時代に関係なく価値を持つのです。ただ、これが精神の世界、価値の世界となると、眼に見えないので軽視され無視されてしまうのです。次に出て来る「好古」「稽古」という言葉は、頂門の一針、深く考えなければならない言葉だと思います。それにしても、何時の時代でも人間というのは同じ過ちに陥るものですね。

夫明鏡所二以察レ形、往古所二以知レ今、故虞書稱レ稽レ古、而孔聖亦有二好レ古之語一。然則欲レ視二面貌一者、非レ鏡何資、欲レ通二時務一者、捨レ古何徴、顧二其淬磨發明如何一耳、

（読み下し）

夫レ明鏡ハ形ヲ察スル所以《ゆえん》、往古ハ今ヲ知ル所以、故ニ虞書ニハ古へヲ稽《かんが》フト称シ、シカウシテ孔聖モ亦古ヲ好ムノ語アリ。然レバ則チ面貌ヲ視ント欲スレバ、鏡ニ非ズシテ何ニカ資《と》ラン、時務ニ通ゼント欲スレバ、古ヲ捨テテ何ニカ徴《もと》メン、其ノ淬磨発明何如ヲ顧ミルノミ、

（語釈）

虞書＝グショ。書経の堯典・舜典・大禹典・皐陶謨・益稷の五編をいう。

孔聖亦有好古之語＝『論語』述而篇に「子曰、我非㆓生而知㆒㆑之者、好㆑古敏以求㆑之者也」（我ハ生レナガラニシテコレヲ知ル者ニ非ズ、古ヲ好ミ、敏ニシテ以テコレヲ求ムル者ナリ）とある。

淬磨発明＝淬は、サイ、にらぐ。刀を鍛えるため赤熱して水に入れる時の音から、励むの意になる。

（釈文）

一体、よく磨かれた鏡というものは、物の形をはっきりさせるための物であり、過ぎ去った昔のことを知ることは、今を良く知る為であって、それゆえに古い儒学の古典である虞書にも、古を稽えるということを大切なこととしているし、孔子も自分は古を好む者である、と言っています。であるから、顔を見たいと思うならば、鏡を用いる他はないように、実際の政務に通じようと望むならば、昔のことを研究せずして、一体なにを拠り所としようというのですか。刀を鍛錬するためには、火の中にくべたり磨いたりするように、自分自身の研究を深く鋭く鍛錬して、そこから発明工夫してゆく他はないのであります。

（解説）

「捨㆑古何徴、顧㆓其淬磨發明如何㆒耳」、厳しい言葉です。古いものを尊重しない者には見えてこない世界です。

宇宙大矣、古今邈矣、載籍之夥、汗牛充棟。具眼之士、固宜下去二其糟粕一、掬二其純粋一、斥二其陳腐虚誕者一、而歸中其清英確實者上。凡自二神皇立レ極垂レ統之迹、聖賢修レ己治レ人之道一、以至二治亂興亡、成敗得失之機一、縱横上下、貫穿馳騁、神通而意會、莫レ有二壅塞一。譬二諸弓一、引而不レ發、發也必中。譬二諸鷹一、抑而不レ揚、揚也必搏。誠若レ此、則宇宙之大、可レ撫二之於一瞬一、古今之邈、視猶二朝暮之相沿一、所謂汗牛充棟之夥、可三驅二使之於指顧之間一矣。夫然後謂二之稽レ古、謂二之好レ古。嗚呼諸余夙昔之志願、而未レ能レ償二其萬一。也每深憾レ焉。

（読み下し）

宇宙ハ大ナリ、古今ハ邈《はるか》ナリ、載籍ノ夥《おびただ》シキコト汗牛充棟。具眼ノ士、固《もと》ヨリ宜シク其ノ糟粕ヲ去リ、其ノ純粋ヲ掬《すく》ヒ、其ノ陳腐虚誕ナル者ヲ斥《しりぞ》ケ、シカウシテ其ノ精英確実ナル者ニ帰スベシ。凡ソ神皇極ヲ立テ統ヲ垂ルルノ迹、聖賢己ヲ修メ人ヲ治ルノ道ヨリ、以テ治乱興亡、成敗得失ノ機に至ルマデ、縦横上下、貫穿《かんせん》馳騁《ちてい》セバ、神通シテ意会シテ壅塞《ようそく》有ルコト莫《な》シ。諸《これ》ヲ弓ニ譬ヘンニ、引キテ発セズ、発スルヤ必ズ中《あた》ル。諸ヲ鷹ニ譬ヘンカ、抑《おさ》ヘテ揚ゲズ、揚グルヤ必ズ搏《う》ツ。誠ニ此クノ如ケレバ、則ハチ宇宙ノ大モ、コレヲ一瞬ニ撫スベク、古今ノ邈《はるか》ナルモ、視ルコト猶朝暮ノ相沿フガゴトク、所謂汗牛充棟ノ夥シキモ、コレヲ指顧ノ間ニ駆使スベシ。夫レ然ル後コレヲ古ヲ稽《かんが》フト謂ヒ、コレヲ古ヲ好ムトイハン。嗚呼是レ余ガ夙昔《しゅくせき》ノ志願ニシテ、シカモ未ダ其ノ万一ヲ償《あた》フ能ハズ。也《ま》タ毎《つね》ニ深ク焉《これ》ヲ憾《うらみ》トス。

（語釈）

汗牛充棟＝車に積んで牛に牽かせるとその牛が汗を流す程であり、またこれを蔵に収めようとすれば天井の梁まで積み上がってしまう。すなわち書物の量の膨大なことの譬え。

帰＝当然行くべきところに行き、治まる所に治まる、という意味を持つ文字。

貫穿馳騁＝貫穿は、広く学問に通じて明るい。馳騁《チテイ》は、馬を走らせる、狩りをする。

壅塞＝ヨウソク。ふさぐ、ふさがる

焉＝この文字は、「これ」と読んだが、語調を整えるために文末に添える助辞と考えて読まなくても良い。則ち「深ク憾ミトス」でもよい。ただし、助辞とした場合でも、少し詠嘆の気味を含む。

（釈文）

しかしながら宇宙は広大であり歴史は悠久の時の彼方から続いております。学ぶべき書物は殆んど無数と言ってよく、その多さはこれを車に積んで牛に牽かせるとその牛が汗を流す程であり、またこれを蔵に収めようとすれば天井の梁まで積み上がってしまうほどであります。したがって物事の良し悪しを見分けることの出来る人ならば、当然のことながら、それらの中から、清酒を造る時のように滓を捨て去って純粋なもののみを絞り出し、陳腐なものや根拠のない嘘を斥けて、澄んで優れている確実なもののみを拠り所とすべきであります。若しそうするならば、およそ日本の神々が日本国の国体を定めその血筋を以て国を治めさせたその謂れに始まって、聖人賢人と言われる人々がどのようにして自分を磨き人を導いたのかということから、世の中の治乱興亡の原因結果、あるいは成功と失敗の機微にいたるまで、物事の竪も横も裏も表も、あらゆる事象の真相を見通し理解することが出来、全く滞ることがなくなる。弓に例をとれば、一杯に引いて満を持し、放せば必ず百発百中する、鷹狩りに例をとれば、鷹を抑えて機を窺い、放てば必ず獲物を捕らえる。実際そのようであれば広大な宇宙も一瞬の中に把握できるし、膨大な時の流れも朝が来て夜が来るように、自然に身近なものと感じることが出来、汗牛充棟といわれる膨大な書物も、これを自分の手足のように自由自在に使いこなすことが出来るのであります。こうなって初めて稽古ということが出来、好古ということが出来るのであります。嗚呼、こうなることは私の多年の心からの念願でありますが、しかし未だその万分の一にも及ばないのが現実で、私がいつも心から残念に思っていることなのであります。

（解説）

どうすれば生き生きとして尽きることのない真実の力を得ることが出来るか。その方法とその結果得られる境地について述べています。が、これは東湖先生が得ようとしている境地であって、本人も述懐しているように、なかなか至り得る境地ではありません。

余友楊子長、命二其讀書之處一、曰二古堂一、徵二記於余一。子長曾從二我先子一而學。當時余後輩視レ之。既而子長益讀レ書、西遊二京機（ママ）一、廣二其聞見一、又來二江都一、周二旋於人文之藪一。則其稽古之力、非二復往年子長一。余則奔二走吏務一、久廢二講誦一。加之謫居困阨、殆瀕二於死一。其處レ今者如レ此、何論レ古。雖レ然自顧、一片耿々之氣、幸而自若者、蓋好レ古之癖、與有レ力焉。迺記下余所二以大慨且憾一之由上、以畀二子長一。抑子長家世業レ毉、余聞毉方亦有二古今之辨一。則古堂之號、其或有二寓意一乎。余不レ知レ毉、而子長亦非下以二方技一專任者上也。余不二復贅一、天保甲辰、小至後二日。

（『新定　東湖全集』）

（読み下し）

余ガ友楊子長、其ノ読書ノ処ヲ命ジテ古堂ト曰ヒ、記ヲ余ニ徴《もと》ム。子長ハ曽テ我ガ先子ニ従ヒテ学ブ。当時余ハ後輩トシテコレヲ視ル。既ニシテ子長益々書ヲ読ミ、西ノカタ京機ニ遊ビ、其ノ聞見ヲ広メ、マタ江都ニ来タリ、人文ノ藪ニ周旋ス。其ノ稽古ノ力、復《ま》タ往年ノ子長ニ非ズ。余ハ則ハチ吏務ニ奔走シテ久シク講誦ヲ廃ス。加之《しかのみならず》謫居困阨《たくきょこんやく》、殆ド死ニ瀕ス。其ノ今ニ処スル者此《かく》ノゴトシ、何ゾ古ヲ論ゼン。然リト雖モ自《みず》カラ顧ミテ、一片耿々《こうこう》ノ気ノ、幸ヒニシテ自若タルハ、蓋シ古ヲ好ムノ癖、与《あずか》ツテ力有リ。迺《すなは》チ余ガ大イニ慨《なげ》キ且ツ憾《うら》ム所以《ゆえん》ノ由《よし》ヲ記シテ、以テ子長ニ畀《あた》フ。抑々子長ノ家ハ世々毉《い》ヲ業トス。余聞ク、毉方ニモ亦古今ノ弁有リト、則チ古堂ノ号、其レ或ハ寓意有ルカ。余、毉ヲ知ラズ。シカレドモ、子長モ亦方技ヲ以テ専ラ任ズル者ニ非ザルナリ。余モ復タ贅セズ。天保甲辰小至後二日。

〔語釈〕

楊子長＝名は元善、子長は字。楊の家はその祖先は明国杭州富陽県の人であったが、寛永年中に我が国に帰化したという。その子元弘が佐々宗淳の推薦で水戸家に仕え彰考館の書写生となり、義公退隠の後は西山で義公に近侍し、文庫の仕事を管轄した。元弘は兄の子（元春）を養子としたが、此の元春が医学を長崎で学び、医官として粛公に仕えてから、代々医を業とするようになった。子長の父は元成といい、水戸藩の名医原南陽と麻酔で有名な華岡青洲に学んで内外科を兼ねたが、父の元資（号若水）が門人に元成の姉を娶せて家を譲ったので、文化六年に別家して藩医となった。元成と元善（子長）は共に藤田幽谷の門人であった。幽谷は元資の墓碑銘を作り、東湖は元成の墓誌銘を作っている。楊家と藤田家の因縁には浅からぬものがあった。

京機＝おそらくは京畿の誤植

耿々＝輝くさま。

迺＝すなわち、乃に同じ。「ソコデ」と訳す。継事之辞也と註す。一事を言い終わってさらに或ることに言い及ぶ義。ちなみに、おなじくスナハチと読む語の中で、則＝「レバ」「ルナレバ」などと訳し、然ル後ノ辞と註す。コレハコウソレハソウという意。

即＝「トリモナオサズ」と訳す。ソノママという意味。則は緩やかで即は急。

畀＝音はヒ、両手で物を捧げる形の字。丁寧に物を贈る意。差し上げる。

毉＝醫（医）に同じ。医者。

方技＝ホウギ、医の技術のこと。医のテクニック。

天保甲辰＝天保十五年（西暦一八四四年、厳密には旧暦十一月廿三日以降は西暦一八四五年になる。十二月改元して弘化元年）。東湖はこの年五月に、烈公が幕府によって処断されると、連座して江戸邸の一室に幽閉された。このことについては、「小梅水哉舎記」に詳しく述べてある。

小至後二日＝小至は冬至の一日前、小冬日ともいう。太陰暦十一月。なぜ冬至後一日と書かなかったかは不明。

（釈文）

私の友人である楊子長が、その読書の場所（書斎）を「古堂」と命名し、その「記」を私に書くように求めました。子長はその昔、私の父である藤田幽谷の門人でありましたので、私はその当時彼を一後輩としてのみ視ておりましたが、その後子長はますます勉強し、京都に遊学してその見聞を広め、さらに江戸へ出て学者たちと交流するなど、その蓄積された学力は幽谷の下で勉学していたころの往年の子長とは比べものにならないほどになりました。一方私はといえば、毎日官僚の仕事に忙殺され、随分長い間学問から遠ざかってしまいました。しかも今度の事件で幕府の譴責を蒙り、江戸藩邸の一室に閉じ込められ非常な困難を強いられて殆んど死んだも同然のありさまです。両者の現状はと言えばこのとおりなのですから、とてもどうして古を論ずるなどということが私に出来ましょうか。しかしながら、幸いなことに私の中に在る耿々として燃え上がるような気概は全く害《そこな》われておりません。これは私が生来古を好むという性癖に由来するものでありましょう。そこで、折角ですから、古堂の古という文字にちなんで私が「古を好む」が故に、世を憂い自らを憾《うら》む理由を記して、子長に献呈するのであります。子長の家は代々医を業《なりわい》として来ました。私が聞く所によれば医学にも古法と近法との区別があるということですから、古堂という名称には或は寓意があるのかも知れませんが、しかし私は医学を知りません。しかし、子長は決して単なる小手先の医療技術だけで満足する人ではありませんから、彼の考える医学については彼を信用して、私は余計な事は言わないことにします。天保甲辰（十五年）十一月の半ば（に記す）。

（解説）

以上が古堂記の全文とその解釈ですが、東湖はこの半歳程後に、再び楊子長に一書を贈っています。「楊子長ヲ送ルノ序」という一文です。この文は、楊子長が弘化二年五月、水戸に移るに際して送序の一文を求めたのに応えたものですが、内容を意訳して示せば、「幕府の処罰を受けて幽閉されてからは、毎日学問に没頭することが出来るようになりましたが、たまたま論語を読んでいて「四十而不惑」の一語に感じ、自分も同じく四十歳になったのに不惑どころではない、毎日迷ってばかりだ、と反省したが、待てよ、聖人は「三十而立」といわれたが、自分は不惑どころか未だ自立もしていない、と気が付いて、どうしたならば真に自立できるのかと、毎日このことを研究したがよく納得できないでいる中に、また論語を読んで、「鯉趨而過庭」（鯉、趨《はし》リテ庭ヲ過グ）の章に至って、そうだ、人が真に自立するためには「礼」を学ばなければならないと気が付いて、それから礼に関する諸書を反復熟読、あれこれ突き合せて、漸くこの問題の発端を掴み得たと思えるまでになりました。

そして、国家を治める道も天地の秩序を立てる道もまたここに在り、聖人が万古不変の道を解き明かされた根本はまさに礼に在るのだということに気がつきました。自分は父親の御蔭で小さいときから書物を読むことを覚え、礼についての書物も随分読んだはずですが、これらの読書はただ難しく眠くなるばかりのものでしかありませんでした。ところが現在では、喉の乾いた者が水を求めるように、書物を手放す時間が惜しいくらいですが、その訳はといえば、昔は書物を読むこと、すなわち文字に意識がありましたが、現在は身を立てるという切実な欲求、実際の必要から進んで学んでいるからです。

此処で私は発奮するということが学問をする上で大切であるということを学んだのでありました。自分は若いときから官途に上り、いろいろに仕事につき、遂には政府の中枢にまで関与しましたが、その時は身を立て道を行うことは出来ませんでした。しかるに罪人となって政治から離れた現在になってはじめて、必死になって道を求めているのです。なんと笑うべきではありませんか。

子長が水戸に帰るからと、送別の文章を求めて来ました。私は囚人ですから会うことは出来ませんし、お断りしたのですが、頻りに求めるので、私が礼を学んでいる理由を記して贈ることにしました。子長は既に自立しているのですか、それとも未だですか。自立しているのならば私の文章など要らぬことですし、若し未だならば、それこそ発奮して、必死に自らの足で立つことを学ぶべきです。そこで、この問題に気付いてもらうために、敢えて、私が礼を学ぶ理由を記しました。これも亦お互いの切磋の為であります。」

と述べて、更に、水戸には書物も人も豊富であるからいくらでも勉強できる、貴方の勉強の成果をわけてくださって、

「私がこの困扼の中で自立の道を見つけ、不惑の境地に近づくことができるように力を貸してくださるならば、私の受ける賜物もまた大きいと言わなければなりません。」

と結んでいます。

ここに見られるのは、まさに学問切磋を通じてお互いに励まし合う同志の交わりです。なんと羨ましいことではありませんか。

そもそも「礼」という徳目は論語の中でも重要な要素であります。普通には仁とか義とかがよく問題にされますが、顔淵が孔子に仁の実践について質問した答えは、**「克己復礼為仁」**（己に克《か》チテ礼ニ復《かえ》ルヲ仁ト為ス）でした。いうまでもなく、この場合の礼は、いわゆる礼儀作法という限られた内容ではありません。

この「克己復礼為仁」の解釈・真の理解は私の及ぶところではありませんが、文字の上からの解釈では、礼に復《かえ》るためには克己が要求される。そして己の全て、すなわち、欲望・拘泥其の他もろもろに打ち克って礼に復ることによって仁が実現される、ということであろうと思います。とすれば、これがすなわち真の自立の姿ではないでしょうか。「鯉趨而過庭（鯉、趨ッテ庭ヲ過グ）」は、孔子の教育方法を示す一文としても有名ですが、鯉（孔子の子）に対して、初めには「詩を学んでいるか」と問いかけ、次には「礼を学んでいるか」と問いかけて、**「礼ヲ学バザレバ以テ立ツコト無シ」**と言ったというのです。東湖はこれらの言葉をヒントに研究を進めたわけですが、実際、己に克つことは至難の業です。ですから絶えざる反省と研精が必要になるのですが、若しも真に己を克服することが出来れば、すべての物事はその本来の筋道で明瞭に見通され、一切の判断は公明正大、万人を服させるものとなるでしょう。かかる人物によって政治が担われるとき、そこには真の太平が実現される。東湖はそれを目指したのではないかと考えます。思うに、これこそが「稽古徴今」の学問そのものではないでしょうか。

「続東湖随筆」に次のような一文があります。煩をさけて私なりに翻訳してみますと、「シナの優れた人たちは好んで『左伝』（左氏による春秋の注釈書）を読み、その人数はかぞえきれないほどでありますが、秦以後、シナは中央集権体制のもとに郡県制を布いたので、制度自体が周時代

（春秋時代）の封建制と異なることになり、『左伝』を読んでこれを現実にいかそうと思っても制度の違いで迷いが生じるのです。しかし今、我が国は天下泰平で、彼の春秋・戦国の時代とは違いますが、それでも、現在の国の様子は、周の封建の制度によく似ているので、我が国の学者は、『左伝』を必ず読むべきです。『左伝』を読めば春秋時代の国際関係の礼法や、使者としての言葉遣いの得失など、明瞭に目で見、耳に聴くようです。これらを斟酌塩梅して実用に適用すれば非常に役に立ちます。父である幽谷は、いつもそのように説いておりましたが、私はただ、そんなものか、と聞いているだけでした。しかし、郡奉行や側用人などを歴任して、他国（＝他藩）の人々に接する度に、父の言葉を思い起こさずにはいられませんでした。まことに学問の未熟であったことを恥ずかしく思います」となりましょうか。ここにも、古典が如何に現実と結びついているか、現実に活かすのはそれを学んだ学者の責任である、とする姿勢が明瞭です。

東湖は嘉永七年に、ある書幅に「稽古徴今」と書いて、それに**「右ハ余ノ平生ノ持論、往々書シテ以テ同志ニ與フ、人間《じんかん》マサニ数百本有ルベシ」**と記しています。嘉永七年は天保十五年からちょうど十年の後になります。稽古といい好古といい、決して趣味ではありません。過去を研究するのは趣味や知的興趣の満足の為ではない。「奮発」して研究するのは現在に活かすためです。過去の優れた成果を、どうしたら現在に活かすことが出来るかを問うのです。過去を知るのは現在の為、学問は現在の為に在る。これが、水戸学が実学といわれる理由なのです。

おわりに

時代順に十編の文章を選んで、私なりに解説を加えてみました。これらの選択に、とりわけてなんらかの意図があるわけではありません。あまり難しくなく、比較的短い文章で、あまり知られていないものを、強いて言えば、筆者の好みで選んだだけです。

また、解釈などもこれで良いということではありません。誤りもありましょう。博雅の方々のご叱正を期待しております。

本書に収めた十編は、とりわけて有名というわけではないけれども、水戸の先輩が残された数多い文章の中でも、優れた名文と言ってよいものばかりであると思います。

すでに述べたように、義公の自伝ともいうべき「梅里先生碑陰銘」、水戸学の本領を天下に知らしめた「弘道館記」、弘道館の研鑽と公園の遊楽と、一張一弛の極意を説いた「偕楽園記」。これらは水戸を代表する文章といってよいのですが、しかし既に刊行されているので、それらに譲ることにしました。

かつて水戸藩士は「梅里先生碑陰銘」を、幕末に近くなっては「弘道館記」を暗誦し、朝夕朗誦していたといいます。これらの文章が水戸の士魂を養っていたのです。暗記・朗誦することは、より内容を深く理解する手段でもあります。

なお、これらの解説は、内容に重複が見られますが、それぞれに、折に触れて、独立して書き上げたものですので、どれから読んでも良いように敢えてそのままにしました。また、多少なりとも漢文に親しんでいただくようにと、フリガナを沢山つけ、すこし余計な語釈も付け加えてあります。

一体、江戸時代の日本は、それぞれの領国すなわち藩を支配する諸大名の連合体であり、強大な武力を持つ徳川氏がそれら大名の上に君臨しており、その大名支配の権力は、朝廷の承認を得た征夷大将軍という役職によって保障されていたのです。つまり名目的には諸大名は独立勢力であり、それぞれの領地はそれぞれの法が行われており、国という言葉は藩を指していたのです。お国自慢という言葉は、その名残です。

このような仕組みでは、強大な国民国家を建設してアジアに進出して来た欧米諸国に太刀打ちは出来ません。この国家的危機にどう対応すべきか、この問いに応えたのが所謂後期水戸学であり、「弘道館記」に示された主張と精神でした。それは、歴史と伝統に立脚して、この国の栄光と独立を守り抜くことを主眼としたものでした。

このような、藩という枠組みを超えて日本の国全体を一つのもの、共通の運命を担う共同体である、と考える水戸学の立場は、当時の人々にとっては、まことに新鮮な世界観であったのです。幕末・維新というと必ず出て来る「尊王攘夷」という言葉は、実はこの世界観に基づく行動の本質・基準を表わす言葉なのです。

日本の国を一つの運命共同体と考えるならば、この国をこの国として成り立たせている根源、いわば日本国のアイデンティティーとは何か、ということが問題となります。ここに『大日本史』編纂の過程で積み重ねられた歴史認識が大きな意味を持ってくることになります。国というものを文化の母体、歴史というものを民族の生命の流れと捉えるとき、その根源的な源泉を、相対的な存在である将軍や摂政・関白ではなく、建国以来この国の精神的文化的中心として在り続ける皇室に求める民族的文化的情念とでもいうべきもの、それが「尊王」であると思います。

「攘夷」という言葉は、偏狭な排外主義のように思われており、事実そのような行動に奔った人も多かったのですが、根本の理念は、この国の独立を守るためには戦いをも辞さないということであり、尊王も攘夷も、せんじ詰めれば国を愛する情熱の表明に他ならず、それは、アメリカインド洋艦隊水師提督ペリーの、武力を背景とした傲慢無礼な態度と、それに対する幕府当局の無策・弱腰を見るに及んで、発火点に達したのです。

幕末という時代、それはこの国の危機に際会して、多くの人々が、老いも若きも、男も女も、この国の危機を自分自身の問題として立ち上がり、それらの熱き想いが激しく燃え上がり絡みあって一つとなり、歴史を動かした時代であったのです。この国を愛し、この国の未来を自らの手で作り上げようという熱きこころが一つになった。その力によって、アジアに於いて、唯一つ、植民地化の屈辱を免れ、国の誇りを守り通すことが出来た。言い換えれば、混乱や行き過ぎを伴いつつも、大きな犠牲を伴った一時期の痛みを分かち合うことによって、日本人は日本国民へと成長したのです。

「水戸学」はそのような時代の道標としての役割を果たしたのです。そして今、敗戦の屈辱から七十余年、多くの対立・困難のなかで、ふたたび我が国の進路、あるべき姿が問われているのです。この問いに対する答えは、「水戸学」の中に在る。私はそう信じています。

本書を繙かれた読者各位の、「水戸学」に対する認識は変化したでしょうか。

「水戸学」というものは、特殊な主張ではなく、足場を我が国の歴史にしっかりと据えたことを通して、古い時代を見直し新しい時代の魁を為した、ごく当たり前の主張であることがお判りいただけたでしょうか。これをきっかけとして、さらに多くの文章に目を通していただければ幸いです。

本書の成立には、水戸史学会諸賢から多くの力を戴きました。末尾ながら識して謝意を表わします。

新原の寓居にて

平成二十九年初秋

宮田《みやた》　正彦《まさひこ》

著者略歴

昭和13年1月1日　東京都に生れる
昭和31年3月　茨城県立水戸第一高等学校卒業
昭和35年3月　茨城大学文理学部文学科（史学専攻）卒業
昭和35年4月～昭和52年3月　茨城県公立学校教諭
昭和52年4月～昭和64年3月　茨城県立歴史館研究員→学芸第二室長
昭和64年4月～平成3年3月　茨城県公立学校教頭
平成3年4月～平成5年3月　茨城県立歴史館史料部長
平成5年4月～平成10年3月　茨城県公立学校校長
平成11年4月～平成14年3月　茨城情報専門学校校長
平成18年7月～現在　水戸史学会会長
平成20年11月　生存者叙勲公示（瑞宝小授章）

現在の役職

水戸史学会会長、水戸市文化財保護審議会委員、茨城県能楽連盟代表、
水戸市謡曲連盟代表、水戸市博物館資料評価専門委員など

著　書

「水戸光圀の遺猷」（錦正社）、「水戸光圀の梅里先生碑」（錦正社）、
「水戸学の復興」（錦正社）、「山吹の里にて」（川田プリント）

共　著

「正説日本史」（原書房）、「藤田幽谷の研究」（水戸史学会）、「水戸史学先賢伝」（水戸史学会）、
「関東の城」（小学館）

水戸学《みとがく》の窓《まど》　原典《げんてん》から読《よ》み解《と》く水戸学《みとがく》

平成二十九年十一月二十五日発行

定価　本体　二五〇〇円（税別）

著者　宮田正彦
発行者　宮田正彦
発行所　水戸史学会
発売所　㈱錦正社
〒一六二-〇〇四一
東京都新宿区早稲田鶴巻町五四四-六
電話　〇三-五二六一-二八九一
FAX　〇三-五二六一-二八九二
URL http://www.kinseisha.jp/
印刷所
製本所　川田プリント
〒三一〇-〇〇四一
茨城県水戸市上水戸四-六-五三
電話　〇二九-二五三-五五五一
FAX　〇二九-二五四-五〇〇九

題字　宮田弘子

ISBN978-4-7646-0132-1